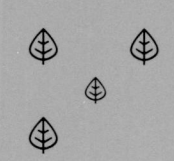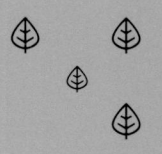

STÜRTZ-BIBLIOTHEK 14

BERND WOLFF

Das Buch vom
WALD

Mit Bildern von Martin Siepmann,
Stephan und Walter Thierfelder

STÜRTZ VERLAG WÜRZBURG

INHALT

Regen *7*
Nach der Eiszeit *11*
Bäume *13*
Kreisläufe *17*
Grün *21*
…durch die Auen *25*
Große Tiere *27*
Schluchtwälder *29*
Bachtälchenwälder *31*
Fichtenforsten *33*
Kiefernalthölzer *37*

Laubmischwälder *39*
Im Zugriff des Menschen *43*
Auf, auf zum fröhlichen Jagen *45*
Fuchsjagd *49*
Artenwechsel – Artenschwund *51*
Kleine mitteleuropäische
Waldgeschichte *53*
Forstwirtschaft *57*
Fremdsein *61*
Epilog *65*
Kleines Lexikon des Waldes *67*

REGEN

BEI Regen sind die Farben viel kräftiger. Die Stämme glühen grün vor Algen; dunkle Nässeflecken laufen herab und geben der Borke einen Glanz – wie Firnis einem matten, stumpf gewordenen Malgrund. In den Zweigen funkeln Perlen; leise tröpfelt es, verteilt den Segen des Himmels gleichmäßig; das Rauschen der Blätter wird abgelöst durch das Rauschen der Regendusche, und sie, die grünen Spreiten, halten ganz still, zittern höchstens vor Wonne, um ja keinen Tropfen zu verpassen.

Die Vogelhähnchen scheinen zu wissen, daß ihre Stimme viel weiter trägt; die Amseln flöten, Rotkehlchen plaudern, Zaunkönige und Finken schmettern, Spechte wiehern, daß es eine Lust ist. Bei Regen bin ich dem Leben im Wald viel näher, als rücke uns das gemeinsame Wolkenverhängnis zusammen. Das Laub raschelt weniger, Dürrholz knackt leiser, der ganze Wald duftet und glänzt vor Nässe wie frisch gebadet, und auf dem Teich, der ganz in sich ruht und keine Zeit hat, den Himmel widerzuspiegeln, schwappernd vor niedertrommelnden Tropfen, da schütteln und plustern sich und naken die Stockenten vor Freude. Der Regen öffnet die Knospenschuppen, die Spaltöffnungen, alle Poren – und die Herzen.

Was da als grauer straffer Vorhang herniederrauscht, als gälte es, sich selbst Applaus zu zollen, das verteilt sich, sowie es auf die Schöpfe der Bäume trifft, rinnt in Tausenden Kaskaden über Blättertreppen, läuft auf Ameisenwegen über Zweige und Äste den Stamm hinab, plauzt sanft ins Moos oder auf den weichen nadelgepolsterten Waldboden, dringt ein in die lockere Erde, durchfeuchtet sie bis hinunter an die Wurzelspitzen, die gierig die schwache Lösung von Mineralstoffen aufsaugen und nach oben leiten, den Blättern zu. Sanftes glückliches Schlucken und Gluckern. Der Wald, das große Tier, säuft.

Der Nachwinterregen lag lange zurück. Wie kann das nur geschehen? Am Morgen noch, als wir in die Berge hinauffuhren, stand der Buchwald gleichgültig kahl, wie fadenscheinig, so daß man hindurchschauen konnte bis auf den raschelnden Grund der Täler, nur hier und da wollte ein einzelner Stamm das Geheimnis nicht bei sich behalten und platzte heraus. Doch als wir abends zurückkehrten, war alles ein einziges heiteres grünes Gelichter und Gelächter. So jung werden an einem einzigen Tag!

Das Wunder Blatt. Vorbereitet im Vorjahr, eingerollt und versiegelt wie ein kostbares Dokument durch den Winter getragen, beim ersten Flötenton des Frühlings sich entfaltend als flatternde grüne Standarte des Lebens. So unglaublich schnell gewachsen, weil es sich mit Flüssigkeit füllt, weil seine Zellen prall strotzen, weil sein Chlorophyll zu kreiseln und zu produzieren beginnt in den verschiedenen Schichten elastischer Wände. Was ist es, das mit steigendem Frühjahr diesen Saftdruck so beschleunigt, daß die geringste Verwundung der Borkenhaut genügt, die Nässe in breiter dunkler Bahn austreten zu lassen? Was setzt diesen Mechanismus in Gang, der wie das unhörbare Anlaufen einer Maschine wirkt, die daraufhin in Fülle und Überfülle Blätter und Blüten erzeugt? Und Zweigenden und Jahresringe? Und kriechende Wurzelfühler? Wachstum in allen Richtungen, angeregt durch die höhersteigende Sonne?

Aber stumm und unsichtbar wie in der Geborgenheit eines Bienenstocks wächst das Gewebe der Zellen, baut sich Ring an Ring wie ein Verzeichnis, in dem das Leben der Bäume getreulich gespeichert ist. Gelänge es uns, diesen Code zu entschlüsseln, die millimeterschmale Rille des Wachstums abzuspielen, wir hätten Sturm und Wetter, Sonnenglanz und Vogelgeschmetter längst vergessener Kalender, hätten Mut und Verzagtheit, hätten das gefräßige Raspeln der Raupen wie das entschlossene Hinauflangen in immer lichtere Höhen. Wir hätten auch die Erschütterungen im Stamm, die entstehen, wenn Menschenheere vorüberstampfen.

Käme es dazu, daß unsere Städte entvölkert würden, holte sie sich stumm und zäh und unaufhaltsam der Wald zurück, wüchsen sie zu wie eine Inkasiedlung, die Häuser wie von Friedensreich Hundertwasser mit Bäumen dekoriert. Die stießen ihre Häupter aus den Fensterhöhlen, mit ihren Wurzelmuskeln klammerten sie sich an Simse und Söller, statt der Türen versperrte grünes Laubwerk die Eingänge, und die Käuze brüteten in dunklen Lampenkugeln. Der Wald ist das Optimum der Natur, ein stets wechselnder, aber aufs beste abgestimmter Organismus, er ist Leben in seiner höchsten Vollendung. Nichts geht drüber, schon gar nicht der Mensch. Wo es möglich ist, schafft die Natur Wald, einzig die Extreme verhindern ihn: die Trockenheit und die Temperaturgegensätze der Wüste (die ein Waldbewuchs allerdings erträglich mildern würde), die Eiseskälte der Gletschergebiete, die Kargheit der Steine, die Grund- und Haltlosigkeit der Sümpfe, das Roden und Sengen der Menschen. Selbst in den Tiefen der Meere wachsen und wiegen sich Wälder besonderer Art, so weit das Licht der Sonne reicht, denn eins ist Bedingung: Wälder sind Kinder des Lichtes und der Feuchtigkeit.

Riesig erhebt sich hinter zackenstarren Stämmen der Mond. Steigt und schwindet, je höher desto kleiner, als brächte die Mühe des Sichverströmens einen Verlust an Masse mit sich und ist doch nur ein gigantischer Spiegel im Raum. Ein Schatten fährt lautlos drüberhin – war es eine Eule, ein kauziger Gedanke? Die Fittiche sind so weich, daß sie unhörbar die Luft verwirbeln, die sich hinter ihnen schließt in absonderlichen Schlieren, die niemand sieht, ein leises Zittern höchstens, wie ein Nachlassen von Angst.
Könnte man die Gase der Luft sichtbar machen, es wäre ein einziges Gefunkel an Farben in merkwürdigen, fortwährend wechselnden Verschlingungen. So verständigen sich Bäume. Wird ein Blatt, eine Rinde verletzt, steigen aus der Wunde ätherische Öle auf, breiten sich aus als Düfte, werden eingeatmet von anderen Spaltöffnungen, lösen Prozesse aus, die wir als Streß bezeichnen könnten, als Angst. Angst kommt von eng, Gefäße schnüren sich ein, Öffnungen schließen sich, der Schreck sitzt tief. Wird irgendwo im Bestand ein Baum verwundet, so wissen es bald die anderen Bäume, nur: Wir nehmen ihre Reaktion nicht wahr, unsere Sinne sind zu grob, unsere Gedanken zu ichbezogen. Wir bleiben fremd, bloß der Regen, das Gemisch feinster Lösungen, rinnt uns wie Tränen übers Gesicht.

Regen

Wald ist Feuchtigkeit. In der Luft ist sie, in angenehmer Frische und Kühle, in den unsichtbaren aufsteigenden, absteigenden Strömen der Leitbündel, in saftprallen Gräsern und Blättern, im lockeren Boden. In allen Lebenswegen ist sie, um vieles dichter als auf wabernden freien Flächen oder auf blankgestürmten Gesteinen. Wald ist Dämmerung, eigenes, grünes Licht, das dem Auge wohltut. Übriggeblieben von dem, das die Blätter zur Glucoseproduktion verbrauchen, nicht grell, sondern lind, den Waldbewohnern angemessen. Und manchmal, hinter den Stämmen, leuchtet es überirdisch und märchenhaft im heimziehenden Abend. Wald ist Nähe, hautenge Berührung der Lebewesen, der Gräser, Kräuter, Stämme, und Ferne zugleich – beständig wechselnde Räume. Wald ist Boden, auf dem die Füße weniger rasch ermüden als auf gleichförmigen Gehwegen, ist Berührung und Duft und Schmecken und Lauschen und Schauen, ist dem entwöhnten Asphaltmenschen Labsal und Erschrecken zugleich: Er zeigt ihm, daß es das gibt und auch ihn selbst. Mancher mag das nicht ertragen, weil er Lärm braucht statt Geräusch. Wald ist das Sichtbare, die ragenden Stämme, und das Unsichtbare, das Gewimmel winzigster Organismen in einem Krümel Erde. Wald ist das immer neue Erlebnis und das immer neue Rätsel. In ihm werden unsere abgestumpften Sinne aufgefrischt wie die Farben bei Regen.

NACH DER EISZEIT

LAVA und Eis fließen in vergleichbaren Strömen, die noch nicht erkaltete Erde und das noch nicht getaute Wasser. Die eine orange und heftig, in schwärzlichen Krusten erstarrend, Brocken mit sich wälzend. Das andere spröde, die blaugrünschmutzige Oberhaut von Rissen durchzogen, an den Kanten absplitternd, auf feinstem Wasserfilm gleitend und glitschend, bis sich eisgrün und frisch der Bach aus dem schwarzen Maul ergießt. Beides zerstört und gebiert Leben.

Als die kilometermächtigen Gletscherlasten sich zurückzogen von der gedrückten, zerschundenen Erde, begannen alsbald im Pfeifen der Stürme Pflanzen zu keimen; erst Algen, Flechten, Moose, dann Gräser und Kräuter, danach Sträucher und krüppelige Bäume. Und so eroberte sich in Stufen der Wald das Gelände, reckte sich hoch und höher, wurde zu Fell, das die Erde schützte und zahllosen Besiedlern Raum gab, regelte Feuchtigkeits- und Wärmeaustausch, hinderte den Verfall durch Erosion. In den Tiefen der Moore ist getreulich aufgezeichnet, wie die Besiedlung mit steigender Erwärmung vor sich ging: Pollen der Blütenpflanzen geben Auskunft über den nacheiszeitlichen Vormarsch der Wälder, über Klimaschwankungen, über Wachstum und Niedergang in den Zeiten. Es ist das männliche Element der Wälder, das diese Chronik schuf, während das weibliche fort und fort wirkte und erneuerte und verwandelte.

Erst der Mensch störte nachhaltig diesen Zyklus, indem er eingriff und Lebensräume veränderte bis zur Unbewohnbarkeit, bis zu den Kratern der Tagebaue, bis zu lebensfeindlichen Schwermetallhalden, bis zu Müllbergen und Betonmärkten. Es liegt an ihm, die Urgründe des Lebens völlig auszurotten, weil er sich selbst damit vernichtet: Motorsägen für die Äste, auf denen wir sitzen. Und wir sägen in den kanadischen Urwäldern, in der scheinbar unendlichen Taiga, im Gezweig der tropischen Regenwälder: Sie liefern den Sauerstoff für unsere Lungen und für unsere Verbrennungsmotoren, für unsere Kraftwerke und für den löchrig gewordenen Ozonschild. So lange es sie gibt. Unser Größenwahn ist zu kurz bemessen, wir begreifen die Dimensionen von Zeit und Raum nicht, die zum Entstehen von Wäldern geführt haben. Es ist zum Bäume-Ausreißen. Alles muß jetzt und hier geschehen: In dem Maße, wie wir neue Räume gewinnen, lassen wir alte hinter uns; unser Wahrnehmungsvermögen ist so begrenzt wie unser Horizont. Wir müssen uns durch Lärm von unserem Da-Sein überzeugen oder durch Unrast; Lärm muß stets erneut produziert werden, strengt an, kostet Kraft, während Stille der dauernde Urzustand ist. Im Walde aber wird das Ich unwesentlich; nicht der Brüller ist gefragt, sondern der Schweiger: deshalb mögen manche Menschen den Wald nicht.

> *»Ich bin der Wald. Ich bin uralt.*
> *Ich hege den Hirsch, ich hege das Reh –*
> *Ich schütz euch vor Sturm,*
> *Ich schütz euch vor Schnee.*
> *Ich wehre dem Frost,*
> *Ich wahre die Quelle,*
> *Ich hüte die Scholle –*
> *Ich bin immer zur Stelle.*
> *Ich bau euch das Haus,*
> *Ich heiz euch den Herd –*
> *Darum, ihr Menschen,*
> *Haltet mich wert!«*
> *Inschrift an einem niedersächsischen Forsthaus*

BÄUME

ICH ging durch einen grasgrünen Wald und hörte die Vögelein singen. Sie sangen so jung, sie sangen so alt, die kleinen Vögelein in dem Wald, die hört' ich so gerne wohl singen. Der frühe feuchte Morgen, wenn das Licht noch ganz golden ist, wenn es schräg durch die Stämme bricht und die Buchfinken, Amseln, Singdrosseln, Rotkehlchen und Kuckucke auf dieser Harfe jubilieren, daß es eine Art hat. *Dann gehet leise auf seine Weise der liebe Herrgott durch den Wald.* Ganz zeitig ist jeder Tag wie der erste Tag der Schöpfung, wir noch nicht mit Schuld beladen, die Bäume unsere Brüder, denen wir frei entgegentreten können, als Teil der Gemeinschaft Wald.

Da wächst an unserem Weg der Bergahorn in selbstverständlicher Kraft und Gelassenheit. Bedächtig spannt er seine Äste, wölbt er sein mächtiges Blätterdach, in dem es singt und klingt. Seine starken Arme sind mit Moos überzogen, als habe er den Erdboden aufgehoben, um ihn die Welt schauen zu lassen, ein anderer Christophorus. Unter seiner Krone ist es immer licht, auch wenn sie dicht bei dicht den Himmel nicht erblicken läßt, seine breiten ruhigen Blätterhände fangen geduldig die Strahlen ein, bis sie gelb und altersfleckig zu Boden sinken, forttreiben auf dichter dunkler Flut. Er hat so etwas Zuverlässiges wie ein Landmann, der Bergahorn, er bildet keine dichten Horste, meist steht er allein unter anderen Arten, als müsse er ihnen etwas von seiner Ruhe abgeben, von der Selbstsicherheit, mit der er auch seine geflügelten Samennüsse in den Wind schickt, überzeugt, daß sie seine Art erhalten. Er ist anders als seine Brüder, die Spitzahorne, mit ihrem frühjährlichen Blütenschleier, in Hast vor den Blättern, mit ihrem flammenden Herbstabschied, ihrer rotgelb lodernden Totenklage. Und anders als die zierlichen Maßholder, die Feldahorne, die sich in Gebüsch und Hecken verstecken. Kaum ein Baum wirkt so irdisch stark, die flatschig-schuppige Rinde von Erdfarbe, die Blätter wie Bauernfäuste, das Holz für Fuß- und Klangböden. Cello. Oboe. Fagott. Vielleicht hat man ihn zum »Baum des Jahres 1995« erkoren, weil man sich an seiner Stärke und Zuversichtlichkeit aufrichten will in unruhigen und unsicheren Zeiten, weil man von ihm, dem Festgewurzelten, lernen will, was Freiheit ist.

Wir benennen die Wälder nach dem Anteil ihrer Baumarten: Eichen-Hainbuchen-Bestände, Buchenwälder, Fichten- und Kiefernforsten. Mit wechselndem Klima haben sie sich gewandelt, im Konkurrenzdruck der lichtnutzenden Arten, zuletzt durch die Eingriffe des Menschen. Birken und Weidengestrüpp im postglazialen Frostboden der Tundren, zwischen flechtenbunten Steinen, Strauchheiden. Wärmeliebende Haselgehölze, lichte Wälder von Eichen und Hainbuchen. Da taucht vielleicht bereits der Bergahorn auf. Zum Schluß und nachhaltig gewann die in ihrer Jugend schattenliebende Rotbuche das Gelände für sich und verdrängte die Lichtholzarten. Es fällt auf, daß in der vormenschlichen Waldgeschichte Nadelgehölze kaum eine Rolle spielten. Sie waren da, eingesprengt in die Mischwälder, und nur in den höchsten Lagen hatten sie die Chance, geschlossene Bestände montaner Nadelkulturen zu bilden. Oder gemeinschaftlich mit der Birke auf kargen Sanddünen. Ihnen überlegen allemal die Laubholzarten, die sich auf den jahreszeitlichen Wechsel eingestellt hatten, die nicht über einen Zyklus von sieben Jahren hin ihr grünes Kleid behielten, die mit ihren zarten, innerhalb einer Vegetationsperiode verschlissenen Blattspreiten die Sonnenenergie sehr viel günstiger umsetzen konnten als die schmalen harten Nadeln der Eiben, Fichten, Tannen, Föhren, Lärchen. Wacholder. Die für gewöhnlich härteres, dauerhafteres Holz bildeten. Erst der Mensch brachte das eingespielte Gefüge gründlich durcheinander, zuerst durch rigoroses Ver-Schwenden, Roden, Sengen, Kohlen, Fällen, Beweiden, dann durch rigoroses Aufbauen nutzbarer Forsten. Monokulturen. Zum Schluß durch unerträgliche Belastungen mit Schadstoffen und Kohlendioxid.

Die europäischen Wälder von heute sind keine Urwälder mehr, es gibt wenige Orte, wo sie ihnen bestenfalls gleichen: In den masurischen Sümpfen oder Karelien, den Auwaldrändern weniger Flüsse, in unzugänglichen Bergschluchten oder in Höhenlagen, wo ein Abholzen durch uralten Bannspruch untersagt war, weil es den Tod der Siedlung durch Schnee- und Schlamm- und Steinlawinen bedeutet hätte. Meist fehlt es auch diesen Beständen an Alter. Es gibt Hute-Eichen, Einzelwesen aus längst vergessenen Tagen, die uns staunend erkennen lassen, wieviele Ringe an Erfahrung ein Baum sammeln kann, wenn man ihn läßt, Urväter, die älter sind als Deutschland: zwölfhundert Jahre in zähem, beharrlichem Atmen. Wieviel Sauerstoff haben diese heiligen Bäume im Laufe ihres Lebens produziert, welchen Stausee an Wasser durch sich hindurchgepumpt, aufgesogen und verdunstet! Welche Masse an Früchten, Samen und Laub haben sie abgeworfen, wieviel Lebewesen behaust und ernährt, wieviel Leben ermöglicht! Nun ist ihre Zeit gekommen, die da heißt das »große Eichen-Sterben«. Von den über zwanzig noch um die Jahrhundertwende leben noch sechs, teilweise totkrank: Da ist der Grundwasserspiegel abgesunken oder angestaut, da wächst ringsum eine Generation an Bäumen heran, die gierig den Boden für sich beansprucht, da wehen die Lüfte so anders, so aggressiv… Gewiß, es ist nicht mehr Mode, Ehrfurcht zu empfinden; wir Menschen leben in Zeitrafferzeiten und verdichten in einem Alter die Erfahrungen vieler Generationen zu einem handlichen Schrottpaket; ein seit tausend Jahren an seinem Platz ausharrender Baum liegt außerhalb unseres Begreifens – vorbei! Aber wer sagt denn, daß wir mit unserer Hast und Unstetigkeit das Leben seien?

Unsere Wälder sollen für uns benutzbar bleiben, doch Nutzen kann sich auf mancherlei Art herstellen, und Maßstäbe bemessen sich nicht allein nach Festmetern und dem Verkauf von Holz.

Bäume

KREISLÄUFE

LEBEN ist Vielfalt, es läßt sich nicht auf eine einzelne Art beschränken. Im Walde läuft es nach Regularien ab, die sich in Jahrtausenden eingespielt haben wie der Rhythmus eines Herztaktes. Werden und Vergehen, Fressen und Gefressenwerden, Energie aufnehmen und Energie verbrauchen. Einatmen und ausatmen. Dabei hat sich ein Netz unterschiedlichster aufeinander angewiesener Arten entwickelt. Pflanzen produzieren Sauerstoff (den sie teilweise bei ihrer eigenen Atmung wieder verheizen), Grünmasse und Holz. Sie verbrauchen Kohlendioxid, das entsteht durch verschiedenste Formen der Verbrennung: vulkanische Prozesse, Zersetzung, Atmung. Pflanzen sind also auch auf Tiere und ihren Atemhauch angewiesen. Erst das industrielle Zeitalter mit seinem riesigen Energieverbrauch, mit seinen Kraftwerken und Verbrennungsmotoren bringt einen Überschuß an Kohlendioxid, der alle Kreisläufe durcheinanderwirbelt. Einzig und allein Grünpflanzen sind in der Lage, diesen Überschuß abzubauen, doch die Wälder sterben oder werden zurückgedrängt, mit ihnen der Anteil des Sauerstoffs in der Atmosphäre als Lebensgrundlage. Wenn die Wälder gestorben sind, stirbt nicht nur der Mensch, dann stirbt das Leben auf der Erde. Wir wissen das, aber wir wollen es nicht wahrhaben.

Leben ist so lange stabil, wie es von möglichst zahlreichen Arten getragen wird. Sie alle finden ihre spezielle Ernährungsweise, nehmen Stoffe auf und setzen sie um, werden selber aufgenommen und zersetzt. Der Sperber schlägt die Schwarzdrossel, die eben noch eine Schnirkelschnecke zertrümmert hat, die ein moderndes Blättchen zerraspelte – und wird selbst wieder heimgesucht von Milben und Fledermäusen. Die übriggebliebenen Flaumdaunen der Rupfung dienen dem Buchfinken zur Polsterung seines Nestes, der sich von Früchten, Samen, Insektenlarven ernährt. Sein Gelege wird ausgeraubt vom Bilch, der es auf seinen nächtlichen Streifzügen entdeckte, ehe er selbst dem Waldkauz zur Beute wird. Irgendwann würgt der die unverdaulichen Reste an Fell und Knochen als Gewölle wieder heraus, die von Käfern, Pilzen, Mikroben zersetzt werden. Die Pflanzen nehmen aus Kot, Gewöllen und Zersetzung wieder die Stoffe auf, die sie zur Produktion ihrer Stütz-, Blatt- und Blütengewebe brauchen… Der Begriff »Nahrungskette« ist zu einfach, um dieses vieldimensionale Beziehungsgeflecht zu charakterisieren, eines Gewebes, das unterschiedliche Wesen in unterschiedlichen Räumen zu unterschiedlichen Zeiten vernetzt. Ein Sperber kann als Jungvogel verhungern oder mehrere Jahre alt werden, Bruten aufziehen und Beute greifen. Er kann sein Revier bestreichen oder daraus vertrieben werden und sich neue Reviere suchen. Er folgt seiner Beute und entdeckt Jagdgebiete, wo Nahrung reichlich und leicht zu greifen ist, etwa im Kükenhof oder auf den Spatzendächern. Aber da die Anzahl der Singvögel insgesamt zurückgegangen ist, weil viele ihrer Nahrungsinsekten ihren Lebensraum verloren oder mit der chemischen Keule erschlagen wurden, so ist auch der Sperber, ohnehin scheu und wenig zahlreich, insgesamt selten geworden – wie so viele Arten. Still und unspektakulär verabschieden sie sich, sind plötzlich nicht mehr da, und der farbige Teppich des Lebens wird immer farbloser und fadenscheiniger. Hermann Löns beobachtete um die Jahrhundertwende noch die Blauracke in den Eichenüberhältern der Heide und schrieb von

Birkhähnen und Großtrappen als Jagdbeute; diese Arten sind nur noch auf kleinste Lebensinseln beschränkt. Wenn die Wälder heute den Urwäldern nicht mehr gleichen, so liegt das nicht nur am Waldbau einer auf Nutzung bedachten Forstwirtschaft, sondern auch am Artensturz aufeinander angewiesener Lebewesen. Ich erschrecke, wenn ich stundenlang durch den Bergwald hinterm Haus gehe und die ganze Zeit nicht einen einzigen Singvogel im Gestrüpp höre oder sehe.

Gefahren bestehen sowohl bei sehr engen Lebensräumen als auch sehr weiten. Der Schwarze Apollo, ein auf engstem Raum lebender Tagfalter, dessen Raupen auf den Hohlen Lerchensporn als Wirtspflanze angewiesen sind, verschwindet, wenn sich das wenige Hektar große Areal – etwa durch Holzeinschlag – ändert oder wenn zum Schluß zu wenig Einzelwesen übrigbleiben. Der Schwarzstorch, der heimlich in feuchten Forsten horstet, verschwindet ebenso durch Vernichtung seiner Lebensräume, durch Beunruhigung wie auch durch Unterbrechung seiner Rastplätze auf dem Winterzug in den Süden. Den Wald in seinen wechselvollen Strukturen zu erhalten bedeutet, die Biotope der einzelnen Arten zu erhalten. Besonders schwierig wird das, wenn sich – wie bei den Zugvögeln – diese Lebensräume über die halbe Welt erstrecken und auf den eingeengten Rastinseln Fänger und Schießer lauern – zum puren Vergnügen des Tötens.

Daneben gibt es geheimnisvolle, noch unerforschte Auf- und Abbewegungen, wie etwa das Vordringen der Türkentaube in den sechziger Jahren und ihren Rückgang ab Ende der Achtziger, wie die Ausbreitung des Sperlingskauzes im Mittelgebirge oder des Birkenzeisigs, der von Norden her südlichere Brutgebiete entdeckt. Was sind die Beweggründe derartiger Bewegungen? Wir kennen sie nicht; sie gehören für uns zu den geheimnisvollen Strömungen, in denen das Leben pulst.

Im Walde besetzt dieses Leben in seiner Wechselbeziehung von grünen Produzenten, Grün fressenden und Fleisch verzehrenden Konsumenten und alle Abfälle zersetzenden Destruenten alle Stockwerke und Nischen zwischen Boden und Krone: Bodenschicht, Krautschicht, Strauchschicht und Baumschicht. Besonders dicht und vielfältig ist es an den Waldrändern, an den Verbindungsstellen zu anderen Ökosystemen wie Wiese, Feld, Ufersaum, Garten, dort, wo Licht bis in alle Etagen vordringt und Lebewesen existieren können, die in beidem zu Hause sind, im Wald und auf der Heide. Manchmal, in den naturnahen Waldgebieten, bricht ein alter Baum um oder werden gleich mehrere geworfen, so daß Inseln entstehen, auf denen sich sofort neues Leben entwickelt: Falter gaukeln, Zaunkönige zetern, Fingerhut und Weidenröschen blühen; allmählich wächst mit Hirschholunder, Eberesche, Birke und nachfolgenden Baumarten das Loch wieder zu – eine grüne Zelle, in der das Leben jünger ist als ringsum.

Katastrophen nach menschlichen Empfinden sind für Waldgebiete oft Normalitäten; Windbrüche und Brände gehören dazu und schaffen Platz für neue Arten, so lange Vitalität insgesamt nicht gebrochen ist. Sterben ist ein Teil des Lebens, vom Totholz leben Tausende anderer Wesen, suchen ihre Lebensräume darin oder zersetzen es allmählich. Wenige Jahre nach dem Ausbruch des Mont St. Helens grünt und treibt es ringsum saftiger als zuvor.

Kreisläufe

GRÜN

❖

DIE Farbe des Lebens ist Grün. *Das Grüne ist über die Maßen schön, die Blüten durch den Regen bald vertrieben*, schreibt Goethe im Mai 1780 in sein Tagebuch. Solche Notiz zwischen Aktentätigkeit, Theaterproben, Gesprächen mit einem Kriegsrat, Tanzfiguren und einsamen Spargelessen. *Das Beste ist die tiefe Stille, in der ich gegen die Welt lebe und wachse. Das Grüne ist über die Maßen schön.* Es gibt so vielfältige Schattierungen von Grün im Wald wie nirgends sonst. Das vielgepriesene Licht des Südens, es wirkt staubig und silbergrau durch die Gleichfarbigkeit von Oliven, Steineichen, Johannisbrotbäumen in den jahrtausendalten Plantagen, es kann nicht konkurrieren mit der Zeit der frischen Triebe bei uns, wo Vielfalt noch erhalten ist. *Nun bricht aus allen Zweigen das junge maienfrische Grün*, jubelt ein Volkslied. *Grün, ja grün sind alle meine Kleider.*

Farbe ist sichtbarer Ausdruck jener Eigenschaft der Stoffe, bestimmte Teile des Lichtspektrums herauszufiltern und zu absorbieren, andere Wellenlängen dagegen zu reflektieren. Aufgenommen vom grünen Blatt werden der warme Rotanteil des Lichtes, dazu Teile des kühlen Blauspektrums. Reflektiert werden Mischtöne vom zarten Gelbgrün bis zum satten Moosgrün. Die rote Mitte des Regenbogens enthält jenen Anteil an Sonnenenergie, den das Blatt zu seiner Produktion benötigt, die Randzonen des Spektrums sind beteiligt. Das Chlorophyll-a-Molekül – ein Gittergerüst kompliziertester Struktur – ist mit Hilfe dieser Energie in der Lage, Wasser aufzuspalten und in organischen Stoffen zu binden. Dabei helfen ihm andere Pigmente, etwa die orangerötlichen Carotine oder die gelblichen Xanthophylle, die unter anderem bei der Herbstfärbung stärker hervortreten. Aber der Frühling kann es in seiner Farbigkeit durchaus mit dem Herbst aufnehmen; junge Blättchen von leuchtendem Ahornrot über rötlichbraune Pappelherzen bis zum Gelb der Goldeichen, zartestes feinbehaartes Hellgrün und schon die Farben der Blüten über Schneeweiß und Pfirsich, dazu die leuchtende, sattgrüne Krautschicht unter noch lichten Stämmen – der Frühling strahlt junge, unendlich frische Farbigkeit aus, während der Herbst derb im Lederwams daherkommt und seine Bracken antreibt.

Aber die Farbigkeit gelingt nur, wenn die Strahlung stimmt (wobei sich das Spektrum infolge des durchlöcherten Ozonschirms in der Höhe immer mehr zum tödlichen Ultrabereich an den Rändern hin verschiebt), und alle Nährsalze und Elemente, die das Blatt braucht, in entsprechendem Anteil im Boden vorhanden sind. Fehlendes, durch Strahlung vernichtetes Magnesium führt zu Vergilbung, Säuren von außen zersetzen die Wachsschicht und verursachen Austrocknung, so daß die Nadeln rötlichbraun absterben. Überdüngung durch Phosphate und Nitrate schaden dem Baum ebenso wie Mangel an Spurenelementen; nicht nur das Blatt leidet und bekommt vor der Zeit verdorrte Ränder, Nekrosen, sondern der gesamte komplizierte Stofftransport in den Leitbahnen bis hin zur Zelluloseproduktion, so daß auch das Holz brüchig wird, seine Elastizität verliert und knackt oder nicht ausreichend Abwehrstoffe, Harze und Gerbsäfte bilden kann gegen die alles verzehrenden, alles zerstörenden Pilzgeflechte, gegen Fäulnisbakterien und gegen ein Zuviel an wachstumfressenden Insekten wie Borkenkäfer oder Schwammspinner. Die Zerstörung des Waldes beginnt mit der Zerstörung der Atmosphäre, mit

Rauch und Staub und Abgasen, die sich in der feuchten Luft zu aggressiven Säuren wandeln, die am Stamm herablaufen und sich im Boden anreichern, und sie trifft zuerst die empfindlichsten Teile, die Blätter mit ihren Spaltöffnungen und die Wurzeln mit ihren Wurzelspitzen – Anfang und Ende der Wasserführung im Baum. Die Zersetzung der Atmosphäre bedeutet Veränderung des Wassers und des Erdreichs, bis kein Leben mehr möglich ist. Die Farbe des Lebens ist Grün: Wenn es verdorben wird, gibt es keine Rettung mehr! Nur ein Teil des Spektrums ist lebensfreundlich, eben der Teil, der, abgeschirmt durch den mächtigen Ozonschild der Erde, zu Boden gelangt. Doch die Ozonlöcher über den Polen wachsen, durch sie gelangt die schädigende UV-Strahlung ungehindert bis auf die Erdrinde. Kanadische Wissenschaftler haben festgestellt, daß eine Erhöhung des ultravioletten Lichtanteils um 15 bis 20% die empfindliche Wachsschicht auf der Oberfläche der Nadeln und Blätter vermindern, wenn nicht gar verhindern würden, was das Eindringen von Wasser, saurem Regen, Mikroben und Pilzen begünstigte – als zöge man den Bäumen bei lebendigem Leibe die Haut ab. Doch die ozonkillenden FCKW und andere Ozonfresser werden weiterhin freigesetzt, denn ehe man die gewinnträchtige Wirtschaft rigoros umschmeißt, gefährdet man lieber das Leben, das der Arten und das eigene, begrenzte, von dem man glaubt, so lange es währte, verliefe noch alles glimpflich. Nach uns die Sintflut! Aber die Wasser steigen bereits und lecken an den tiefgelegenen Gebieten, am indischen Subkontinent ebenso wie an Sylt. Und die steigenden Wasser schwemmen uns unseren Müll in die Häuser. Wir, am Ende einer langen, zum Teil selbstgefädelten Nahrungskette, häufen in unserem Körpergewebe all die Schadstoffe unserer Speisen an, und diese chemische Langzeitbombe wirkt sich auf unsere Lebensprozesse aus. Zahl und Lebenskraft der Spermien zeigten sich im Laufe der letzten fünfzig Jahre deutlich geschwächt, sagen Biologen, bei fortlaufender Tendenz erledige sich das Ärgernis Mensch von selbst. Dazu bedürfe es nur einer einzigen ausfallenden Generation. *Das Grüne ist über die Maßen schön*, doch nur, so lange es gesund bleibt.

Grün

...DURCH DIE AUEN

DIE natürlichsten Waldgebiete finden sich in den Auen, den Überflutungsgebieten der Flüsse, wie ja »Au« gemeinhin »Wasser« bedeutet. Unmittelbar an den Ufern Weichhölzer wie Weiden und Espen, die, niedergedrückt, sofort wieder ausschlagen können, die es aushalten, notfalls wochenlang unter Wasser zu sein. Harthölzer in den höhergelegenen, sporadisch überfluteten Gebieten: Ulmen (so lange sie noch nicht vom »Ulmensterben« ergriffen waren, einer Art Thrombose infolge Pilzbefall), Eichen, Wildobst, Eschen, Linden, ein wundervoll dichtes, artenreiches Verhau, durchzogen von Schlingpflanzen, durchschossen von Kräutern, durchsummt von Stechmücken. Sie brauchen das gelegentliche Überflutetsein, den Wasserschock um den Unterstamm, die Todesfurcht, um alle Kraft in das Leben zu werfen. Sie brauchen die tief durchweichten, mählich trockenen Böden mit ihrer besonderen Mikroflora. Wenn es irgendwo zu Recht den Begriff »üppig« gibt, dann in diesen tiefdunklen Flußbegleitern, durch deren sanftes Da-Sein jedem wilden Hochwasser die verheerende Kraft gebrochen wird, umgelenkt in segensreiches Walten.

Es hatte fünfunddreißig Jahre gebraucht, bis ich in die Auwälder zurückkehrte, deren Rauschen mich gleich nach meiner Geburt eingewiegt und beruhigt hatte, in den Lödderitzer Forst im Mittelelbegebiet. Ich suchte sie auf, um den damals hart vom Aussterben bedrohten Elbebiber zu beobachten für mein Buch »Biberspur«. Die lauen Augustnächte am Deich, die halblaut geflüsterten, bedächtigen Gespräche mit meinem Begleiter, während in der Dunkelheit der Altwasser das Raspeln und Schroten der Nager zu hören war und ringsum ein Regen von Sternschnuppen niederging, als stürze der Himmel ein. Als ob die Gestirne eifersüchtig seien auf die flimmernden glitzernden Glühwürmchen-Leuchtpunkte hier unten. Die gleiche Gegend im glänzenden Frühlicht, alles wie eben erschaffen, die glitzernden Furchen der gelassen heimrudernden Biber, der blaurot funkelnde Eisvogel auf dem Ast, die hoch im Zenit ihre Flugkünste erprobenden jungen Schwarzstörche. Die urwüchsigen stämmigen Eichen voller Früchtebecher. Der Arbeitstag der Hornissen im faulen Stamm, das bereits leer baumelnde Beutelmeisennest. So viel Ruhe und Zeitlosigkeit in der Nachbarschaft des großen Stromes, der seine verzweigten Seitenarme zwar aufgeben mußte, aber noch nicht ganz vergessen hatte, der sie Jahr um Jahr besuchte und auffüllte, daß sie weiterexistieren konnten als »Goldberger See« oder »Teufelsloch«. Der in seinem bedächtigen Gleiten darüber wachte, daß es weiterging wie in Urvätertagen.

Mein Begleiter erzählte mir, daß zu jener Zeit eine Kuh verschwunden wäre, verwildert, die irgendwo im Holz steckte. Alle Bauern der Umgebung hätten das Gebiet abgesucht, alle Jäger wurden schließlich mobilisiert, sie abzuschießen, wenn sie sie sähen, doch sie sahen immer bloß die Fährten. Heimlicher als ein Wildtier lebte sie monatelang im Busch, trat erst bei Nacht hinaus auf die Weide und zog vor Tau und Tag wieder zu Holze. In dieser Umgebung brachen unvermittelt ihre Urinstinkte wieder auf, und sie lebte das Leben der Vorfahren, das Leben der Urrinder, der Auerochsen. Aber da sie den Menschen kannte, verhielt sie sich intelligenter, aggressiver, wie man das auch bei verwilderten Haustieren in Australien beobachtete, bei Pferden, Rindern, Dingos, sogar bei Kaninchen.

GROSSE TIERE

DAS tapfere Schneiderlein erhielt den Auftrag, das Einhorn zu fangen und das wilde Schwein. Der Wolf ist ein unverbesserlicher Schwerenöter, dem man am besten den Bauch aufschneidet, nur dem Bären gelingt es, sich mit Schneeweißchen und Rosenrot anzufreunden. Die großen Tiere waren es, die bei den Menschen Furcht und Faszination weckten, so daß der Wald als gefährlich und geheimnisvoll empfunden wurde. Sie sind gejagt und ausgerottet worden, und nur wenigen gelang es, in Schlupfwinkeln zu überleben. Der Ur und das Wildpferd sind verschwunden; der Wisent wurde in letzter Sekunde durch Rückkreuzung gerettet und zieht in halbwilden Herden durch die Bialowieska oder über den Damerower Werder an der Müritz, der Bär haust in fernen unzugänglichen Gebirgstälern, und der Wolf zieht in Deutschland nur als Irrgast seinen Wechsel – wie auch der Elch, den es zuweilen über die Oder treibt.

Cäsar erwähnt im »Gallischen Krieg« auch die Jagdtiere der Germanen, und er berichtet unter anderem vom »Elentier«: *Die Beine haben weder Knöchel noch Gelenke, daher es sich weder der Ruhe wegen niederlegt, noch, wenn es durch einen Zufall hinstürzt, sich aufhelfen und emporrichten kann. Ein Baum dient ihm zum Lager; an diesen stützt es sich, und so, ein wenig angelehnt, ruht es. Merken nun die Jäger aus der Spur, wo ein solches Tier seine gewöhnliche Ruhestätte hat, so untergraben sie entweder alle Bäume in dieser Gegend oder schneiden den Stamm so weit durch, daß der Wipfel aufrecht stehenbleibt. Wenn nun das Tier sich nach seiner Gewohnheit anlegt, so wirft es durch die Last den schwach stehenden Baum um und fällt mit ihm zu Boden.* Spricht man dieser Geschichte wegen etwa von »Jägerlatein«?

Manchmal gerät ein Gebiet in Aufregung, weil man annimmt, ein Luchs sei da: Rehe, von denen nur die Köpfe am Riß fehlten. Aber es gibt auch Bestrebungen, Luchs und Wolf und Bär wieder einzubürgern, um etwas zu tun für das natürliche Gleichgewicht, so wie auch der fast ausgestorbene Rauk, der Kolkrabe, sich weiträumig vermehrt hat. Ihr Platz im deutschen Wald wäre ein stiller und heimlicher Platz, doch es wird wohl nichts werden, denn die Furcht vor den wehrhaften Tieren steckt tief vor allem in den Menschen, die wenig wissen über Verhalten und Lebensweise der »Räuber«, so wie die Furcht vor dem wehrhaften Schwarzwild in ihnen steckt, als sei es voll Bösartigkeit und nur darauf aus, harmlose Spaziergänger anzufallen und zu zerfleischen. Wer aber im Walde aufwuchs, kennt diese Furcht nicht, wenn er auch nicht vertrauensselig sein wird und glauben darf, ihm widerfahre das Wunder der heiligen Genoveva, die ihren Sohn Schmerzensreich mit der Milch eines Rottieres ernährte. Als Junge habe ich im ersten Morgenschimmer auf dem Waldweg gestanden, rings um mich die Schatten der Wildschweinrotte, die im Altlaub nach Würmern und Maden suchte, habe, die Hand um das Taschenmesserchen gekrallt, behutsam eine führende Bache beschlichen oder war im dichten Ginster beim Spiel aus Versehen fast auf einen dösenden Keiler gesprungen, und nie ist mir etwas passiert, denn das Tier empfindet eine Urfurcht vor dem Menschen und flieht, so lange es einen Ausweg gibt.

Die Auswege aber werden immer geringer, der Rückzug in den Schutz der Wälder gelingt immer weniger, und so sind sie seltener geworden: Biber und Otter, Schwarzstorch und Seeadler, und auch die Tiere der

Große Tiere

waldlosen Gebiete, der Steppen und Ackerränder, verschwinden. Großtrappe und Rebhuhn, Feldhase und Hamster sind im Laufe weniger Jahrzehnte auf eine derartig beängstigende Weise im Bestand zurückgegangen, daß, wenn überhaupt, nur noch konsequente Schutzmaßnahmen das Aussterben aufhalten können. Artenschutz aber ist in erster Linie Biotopschutz, und zum Biotop gehört auch das Nahrungsangebot. Während wir – scheinbar – immer reicher werden, verhungern die Arten um uns, und der Wald leert sich – wie die Wiese und das Feld. Auswege sind seit geraumer Zeit nur noch Wege ins Aus, und wenn wir das nicht begreifen und ändern, gehen wir sie mit gleicher Konsequenz wie andere Arten, denn wir sind, auch wenn wir das oft nicht mehr wahrhaben wollen, biologische Wesen.

SCHLUCHTWÄLDER

ÄHNLICH natürlich wie die Überschwemmungswälder der Flußauen sind die Pflanzengesellschaften dort, wo die Wässer sich sammeln, in den tröpfelnden Schluchten der Gebirge. Schattig zwischen felsigen Flanken, unzugänglich, wächst und grünt und bricht das Holz ohne menschliches Zutun, denn wenn auch das Fällen der Bäume möglich wäre, so brächte doch das Bergen schwerwiegende Probleme; kein Fahrzeug, kein Pferd zöge den verkeilten Stamm heraus, höchstens mit Seilkränen käme man heran, doch der Aufwand entspräche kaum dem Nutzen. Früher wurden die Hölzer den reißenden Bergflüssen anvertraut, die sich im Frühjahr zu Tal rissen, aber die Flößerei ist ein ausgestorbenes Gewerbe, das in manchen Gegenden bestenfalls noch als Touristenattraktion betrieben wird (außer auf Flüssen Sibiriens oder Kanadas). So sind Schluchtwälder durch ihren tröpfelnden Standort geschützt, und man findet in ihnen mitunter Arten und Einzelwesen, die durch Jahrhunderte überdauert haben, etwa die Eibe als Waldbaum oder Rüstern, die vom Ulmensterben verschont geblieben sind, sowie säbelförmig gewachsene Linden. In den Felswänden horstet manchmal noch der Uhu; anderswo jagt unhörbar der Kuder, der Waldkater, und ruft in den brausenden Frühjahrsnächten nach seiner Kätzin. Schluchtwälder sind immer irgendwie klamm, höchstens in sehr heißen Sommern angenehm. Trostlos bei matschig schmelzendem Schnee, wenn die Feuchtigkeit als graues Nebeltuch von den Zweigen herabhängt und die Bäume in Gesichtslosigkeit versinken, wenn Tröpfeln und Gluckern die einzigen Laute sind, bis in der Nähe ein nebelblau-rostroter Kleiber zu schelten beginnt. Dann bemerken wir auf einmal die erfrischende Feuchtigkeit der Nebeltröpfchen auf der Haut, die auf und nieder tanzenden Wintermücken über den Schneeflecken merken, was für ein großartiger Künstler der Nebel ist, der das Wesentliche hervorhebt und das Ferne verwischt, der die Kunst des Weglassens beherrscht und auf Schritt und Tritt neue Ansichten bietet, und wir sind froh, bei Schlackschnee in die nässende Schlucht eingestiegen zu sein. Wir spüren die Verwandtschaft zu den ewigen Regenwäldern Patagoniens oder zur Klamm in den Alpen, wo lange Bärte von Moosen, Flechten und Farnen von Gezweig und Gestein herabhängen und sich der schwarze Alpensalamander durch Fallaub und Gräser drängelt. Wir ahnen die Anfangstage des Lebens, den Hauch von Chaos.

BACHTÄLCHENWÄLDER

LIEBLICHER nach menschlichem Empfinden sind die Bachtälchenwälder, wo das aus den Erlenbrüchen und Schluchten hervorsickernde Wasser sich in Schlingen und Bögen durch Grashänge windet, von Roterlen immer noch begleitet. In den morastigen Uferzonen wachsen Binsen und Mädesüß und – über und über – Disteln, auf denen es von Faltern wimmelt. Da spreizt sich fett die Sumpfdotterblume und setzt die Trollblume gelbe Bommeln in das Grün, da ragen die rosa Bürstchen des Knöterichs und die dunkelvioletten üppigen des Knabenkrautes und an den Hängen die turbanähnlichen Blütenhüte der Türkenbundlilie, und der Wald nähert sich vorsichtig wie ein schnupperndes Tier und tunkt zuweilen seine Schnauze in das klare Naß und schaut den Bachfischen zu.
Solche lieblichen Rinnsale gab es – nach der Vorstellung der alten Meister – im Paradies. Rotkäppchen raufte dort büschelweise gelbe Schlüsselblumen zum Strauß, rote Händelwurz, ockerfarbene Arnika, blaue Iris Sibirica – damals, als diese noch nicht unter Naturschutz standen. Bachtälchenwälder sind eigentlich Waldreste, von Wiesen eingefaßt, durch den Wasserlauf und seine Mäander bestimmt, und gerade deshalb sind sie so wertvoll. Sie haben eine ganz eigene Lebenswelt erhalten; hier laichen Berg- und Fadenmolch, Erdkröte und Grasfrosch sowie all die vielen Kleinfische, die es anderswo schon gar nicht mehr gibt: Elritze, Schmerle, Bachneunauge, Westgroppe, Bachforelle, Gründling, Hasel und Flußbarsch. Das wiederum zieht den Magister Schwarzstorch an, der bedächtig die Kolke abschreitet, den Gnom Graureiher, der scheinbar gleichgültig mit eingezogenem Hals stundenlang lauert, die quirlige Wasseramsel und viele andere. In die Lehmwände der Prellufer gräbt der Eisvogel seine Brutröhre, auf herausragenden Steinen knickst die Gebirgsstelze, in zottigen Ellenwurzeln zieht der schnurrige Zaunkönig seine zahlreiche Kinderschar groß. Die Wasserspitzmaus taucht wie ein Silbertropfen, der Iltis sucht die Ufer nach Beute ab; wenn es irgendwo noch einen Otter gibt, dann hier. Libellen flirren, Schmetterlinge gaukeln und an den Rändern zur Wiese hin leben viele Arten von Heuschrecken und Grillen.
Die Wiesen müssen sich schon gefallen lassen, daß sie nach starken Regen oder Schmelzwassern überflutet werden können, das macht ihren Boden in Ufernähe weich und hält den Menschen fern, der nicht gern bis über die Knöchel im Morast versinkt, aber Rotwild und Sauen kommen gern hierher, suhlen und finden immer ein besonderes Nahrungsangebot. Die Freiheit der Bäche, zu fließen, zu verharren und kreisen, sich zu winden wie eine frisch aus dem Schuppenhemd geschlüpfte Ringelnatter, schafft solche paradiesischen Lebensräume und erhält auch dem Menschen sein perlklares, quellfrisches Trinkwasser. Sollte er aber auf die Idee kommen, abzuholzen, zu begradigen, zu drainieren und meliorieren, dann ist alles hin.

FICHTENFORSTEN

REINE Nadelwälder werden häufig als leer und monoton verschrien, und das von den Menschen, die sich Raumzellen statt Städten bauen, Menschen, die die Vielfalt historisch gewachsener Umgebung längst aufgaben. Nun lasten sie dem Wald an, was sie selbst verursachten: die Langweiligkeit der Holzplantagen. Und doch hat auch ein Bergfichtenwald noch Reize. Da beginnt in einem Frühjahr die Wipfelfärbung ins Rötliche zu kippen, und dann erheben sich beim kleinsten Windstoß Goldwolken über den grünen Wogen: Der Fichtenwald blüht. In unvorstellbarer Menge wachsen burgunderrote Zapfenblüten zum Licht, Milliarden von Pollenkörnchen durchreisen die Lüfte, so daß nach einem Regen die Pfützen goldene Ränder bekommen und die Leute einst ahnungsvoll von »Schwefelregen« sprachen. In vergangenen Zeiten kam dieser Rausch in regelmäßigem Turnus von sieben Jahren, und sieben Jahre hielt auch die Kraft der Nadeln; heute ist der Rhythmus durcheinandergeraten, doch gibt es immer noch Jahre der Fichtenblüte, in deren Folge dann im Herbst Schwärme der drolligen, wie kleine Papageien wirkenden Fichtenkreuzschnäbel auftauchen, an den Zapfen herumturnen und mit ihrem Zangenschnabel die Schuppen aufschlitzen, um an das Samennüßchen zu gelangen. Sie ziehen ihre Jungen selbst bei strengem Frost groß, weil sie brüten, wenn das Nahrungsangebot am größten ist: im Winter. Dann stehen die Bäume oft wie verzaubert und verkrustet da, ihre lebensgrüne Farbe ist unter grauen Eisschichten verborgen, Reif hüllt schwer die Wipfel ein, manchmal halten sie die Lasten nicht aus und brechen. Je höher man kommt, desto knorriger werden die Fichten, mit knuffigen Stämmen und dicken Ästen, die oftmals kandelaberartig als Nebenwipfel nach oben drängen. Doch die Märchenfichten mit den langen Bärten sind innerhalb eines Jahrhunderts verschwunden; die empfindlichen Luftindikatoren haben den Streß der versäuerten Atmosphäre nicht ausgehalten; und es wird zum nachhaltigen Erlebnis, wenn man an einer Bergfichte im Brockengebiet noch fingerlange Bartflechten findet – dort, wo die Nebel treiben …

Eingekeilt zwischen übereinandergestürzten Granitblöcken ragen untersetzte, von grünen Kapuzen bedeckte Stämme mit der Gelassenheit eines Bergmanns, der gelernt hat, der Dinge Herr zu werden. Wurzeln umkrallen die Steine wie Greifer vom Hebezeug, zwängen sich in feinste Spalten und sprengen sie unter Zuhilfenahme von Wasser, so daß sie schließlich gezwungen sind, im Zerfall zu feinsten Schluffen und Lehmen Leben herzugeben, das der Baum braucht. Dazwischen ragen hohe, schlanke Stämme wie Bergmönche, eng eingewickelt in grünes Lodenzeug, und überwachen die Arbeit der Gnomen und Geister. Dann wieder stehen sie schweigend um die rundlichen Freiflächen der Hochmoore mit hirschroten Simsen und weißen Wollgrastupfern, mit glänzenden Wasserlöchern und schwarzen Trittstellen – als kontrollierten sie die Zubereitung des Trinkwassers aus Wolken, Schnee und Nebel. Fällt einer der Stämme, so nicken die anderen ernst schweigend und schicken Moose, Farne, Pilze und Heidelbeeren, um ihn würdig zu bestatten, daß er aufgehe in dem Zyklus von Werden und Vergehen.

Am schönsten aber wird der düstere Fichtenwald im Mai, wenn hellgrüne neue Triebe hervorbrechen und den schwarzen Hängen eine Freundlichkeit verleihen, die sich nur im Jubel der Vogelstimmen ausdrücken läßt. Da schmettern die Finken, da ruft der Kuckuck, da zirpen die Goldhähnchen und trillern die Haubenmeisen, da klagt der Schwarzspecht und hohnlacht hinterher, da ruckst der Tauber und ruft der Rauhfußkauz oder spricht mit wehmütigem Gimpelruf der Sperlingskauz mit seiner Käuzin, da steckt der Fichtenforst voll Leben. In den Wohnburgen der Waldameise wimmelt es, auf den Lichtungen führt das Rottier sein frischgesetztes Kalb, das Wollgras beginnt seine Wattebäuschchen zu flaggen, Fingerhut, Weidenröschen und Sommerdisteln recken sich zum Licht, von Faltern umworben, die »Waldvöglein« heißen oder »Ochsenauge«, »Kleiner Fuchs«, »Dukatenfalter«, »Damebrett«, »Distelfalter«, »Admiral« oder »Schwalbenschwanz« – am Rande der Wiesen, die eine Vielfalt zustandebringen, daß einem die Augen übergehen…

Aber die Singvögel werden immer weniger; ihr Lebensraum zu Hause schrumpft, ihre Nahrungsinsekten wurden mit der chemischen Keule erschlagen, auf dem Zug in den Süden lauern an den eng gewordenen Rastplätzen in Italien, Frankreich, Griechenland, Ägypten, auf Malta und Kreta und wo auch immer sie ermattet einfallen, die Vogeljäger mit ihren Schrotflinten und Netzen und kümmern sich den Teufel um geschützte, vom Aussterben bedrohte Arten. Der Krebsschaden unserer Zeit ist die Entfremdung, das Gefühl des Menschen, er brauche die Natur nicht zum Leben. So beutet er sie aus, knebelt sie, vergiftet sie, holzt ab, betoniert zu und wird gar nicht gewahr, daß er sich selbst dabei den größten Schaden zufügt. *Was hülfe es dem Menschen, wenn er die ganze Welt gewönne und nähme doch Schaden an seiner Seele*, warnt die Bibel. Er hat längst Schaden genommen, kann nicht mehr hören und hüllt sich demzufolge in Lärm, kann nicht mehr sehen und überschwemmt demzufolge das Auge mit Reizen, kann nicht mehr riechen und schmecken und fühlen, seine Sinne sind überreizt, und Einsamkeit macht ihn bange. So schreit er im Wald, randaliert, bricht um, wirft seinen Müll fort, betrinkt sich und gröhlt gefühlvoll: *Wer hat dich, du schöner Wald…* Über das Waldsterben zu sprechen heißt, über die Zivilisationsschäden des Menschen zu sprechen, über das Menschensterben, das sich in Haß und Gewalt, in Abhängigkeiten und Lebensüberdruß offenbart. Doch noch hat die Menschheit ihre Abwehrstoffe, die sich in dem Bemühen ausdrücken, das verwirrte Gefüge wieder in Ordnung zu bringen: Mitten im Fichtendunkel leuchtet das zarte Grün einer Birke, die man hat stehenlassen, auf den Lichtungen wachsen auch Hirschholunder, Eberesche und Bergahorn heran, die Quellbereiche gewinnen ihre gewohnte Umgebung von Erlen und Eschen wieder, staffelt sich der Wald in junge und jüngere und ältere und alte Bäume – kein monotones altmännliches Übergewicht wie im Parlament der Menschen, sondern erneuerte Vielfalt, erneuerte Vitalität.

Das merkt der Mensch, wenn er zu Sturmzeiten durch die Berge streift. Der Boden schwankt und bebt unter ihm, Moorlöcher öffnen sich schmatzend und schließen sich wieder, der ganze Boden zittert wie das Deck eines Schoners im Orkan, in den Wipfeln ächzt und knarrt es wie in der Takelage. Das sind Augenblicke, wo der Mensch den ihm zustehenden Platz in der Natur begreift, wo er eins wird mit den Elementen, wo er Kraft, Wendigkeit und geschärfte Sinne beweisen muß, um nicht erschlagen zu werden. Da bedauert er nicht das Gleichmaß der Stämme, sondern er ist froh, sie um sich zu haben.

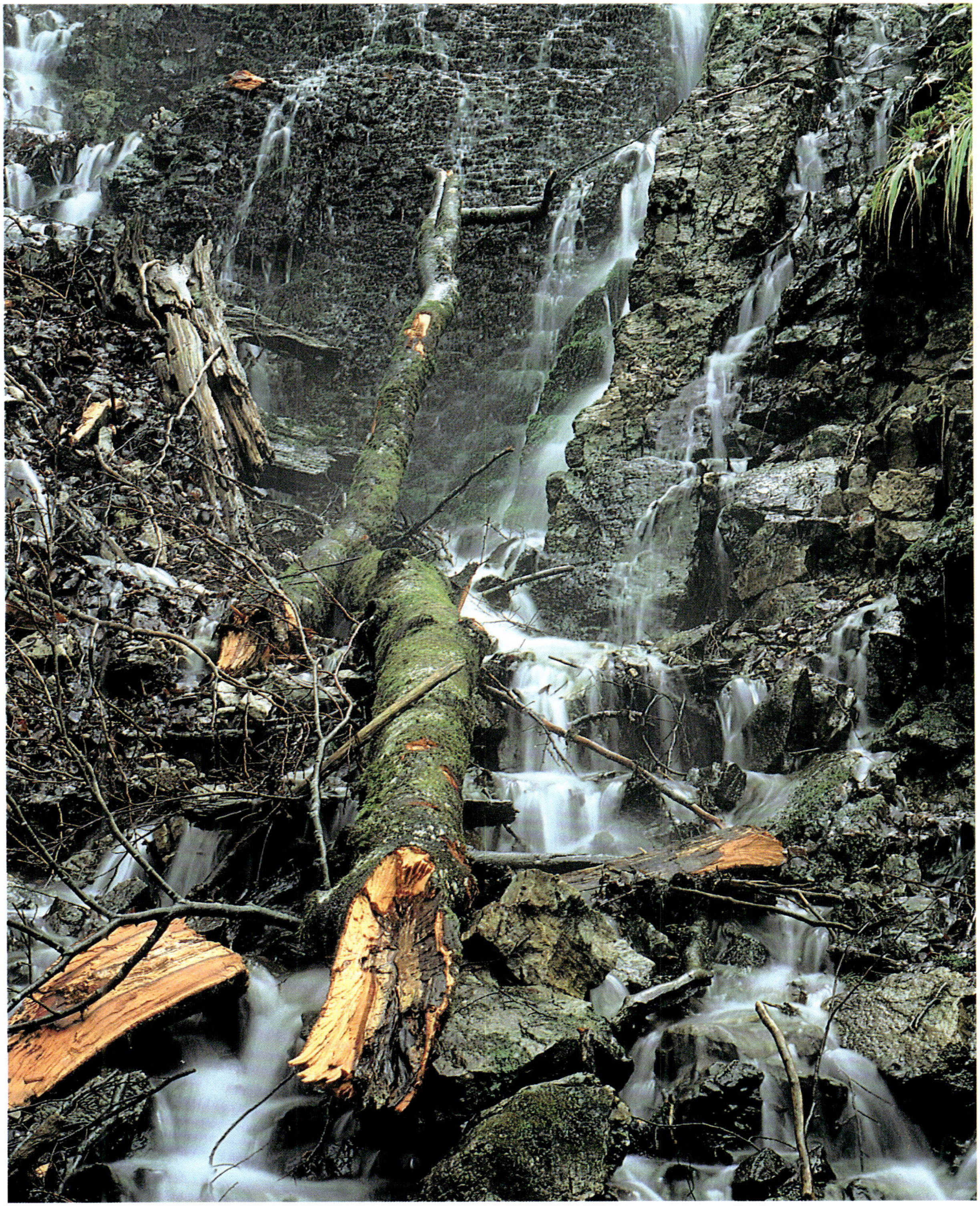

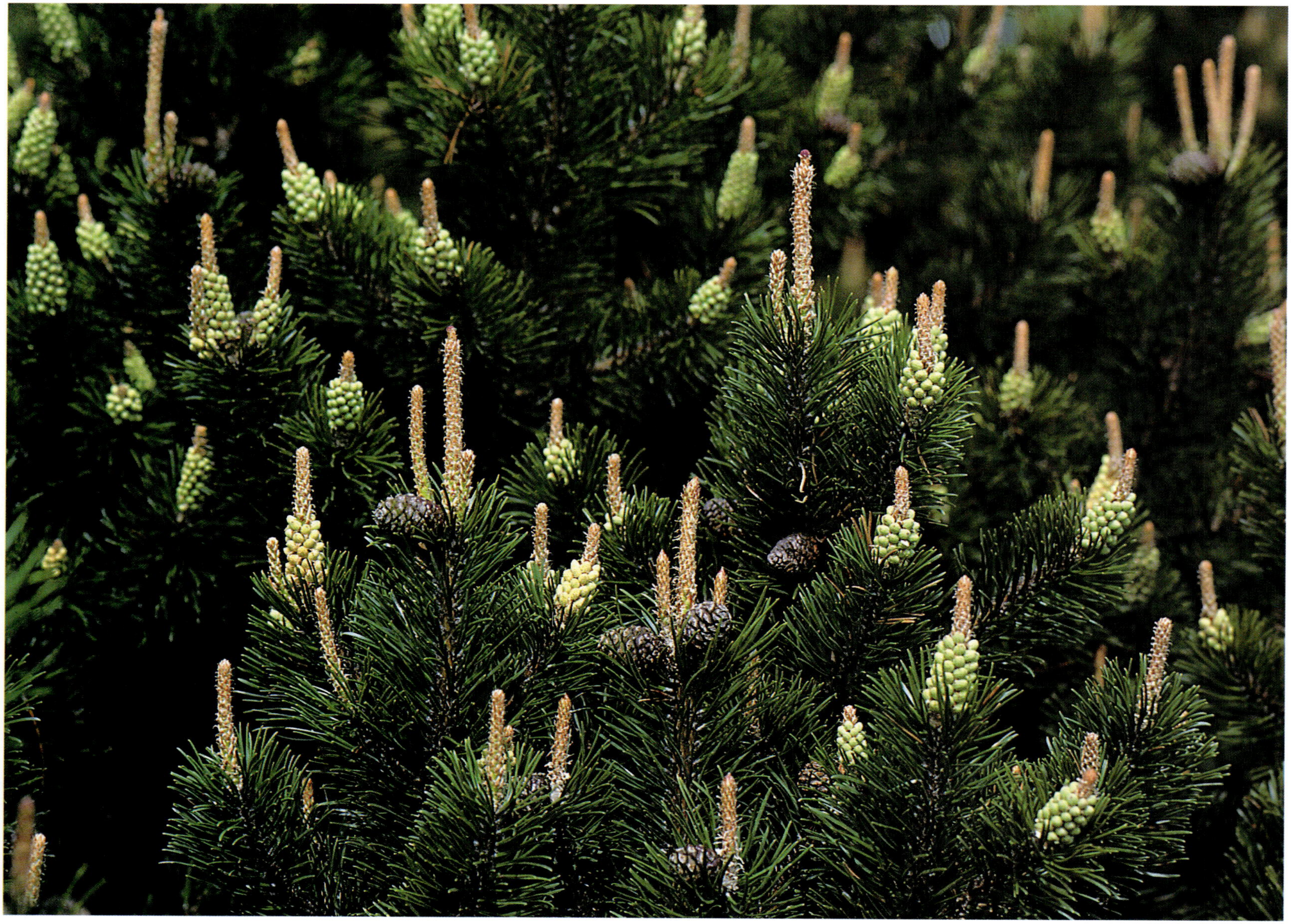

KIEFERNALTHÖLZER

SCHLIMMER als monotone Bergfichtenwälder wirken Kiefernalthölzer, aber auch sie verkörpern noch ein Stück Wald – wie der letzte Nadeljahrgang eines belasteten Zweiges. Und so gibt es auch dort manches, das nicht in der Willkür der Menschen liegt: den unbeschreiblichen sommerlichen Kienduft, die schwere schläfrige Stille des Mittags, den Wespenbussardhorst in der Krone; Hexenbesen und unten in der Nadelstreu Pilze und Käfer, knackende Zapfen. Und auch hier gibt es Erlebnisse, die beglücken können: das Berühren der Borke, das uralte abgeplatzte Rindenstück, das zu einem Schiffchen geschnitzt werden kann, die Blume auf der Lichtung, Maiglöckchen oder Braunwurz oder Brennnessel, wenn der Boden etwas humoser wird. Den See hinter den Stakeln, die Morgennebel und Abendröten, den elastisch federnden Boden, der selbst bei Regen trocken bleibt, den hingesunkenen Grenzstein. Das Reh oder den Hasen. Die Geborgenheit bei Frost. Die Kiefer ist nicht von sich aus ein langweiliger gerader Stamm; der Mensch hat sie dazu gemacht, indem er sie so dicht setzte, daß sie nur das Licht von oben erhielt und hungrig danach gierte. Im Freistand wird sie üppig und knorrig und breit – breiter fast als hoch – wird sie zur Protze. Aber solche Bäume kann der Mensch nicht gebrauchen, sie geben weder ordentliches Bauholz noch Bretter, und die Zeit der Kienspäne als Beleuchtung ist ebenso vorbei wie die Zeit der nachwachsenden Brennstoffe. So vergrößert der Mensch künstlich den Abstand zwischen Wurzel und Krone, weil er das Stammstück braucht, und er baut die Stämme nach in den Säulen seiner Kirchen. Zugleich fürchtet er sich, weil ihm die Höhe der Stämme die eigene Kindheit vor Augen führt, und er hält es selten länger als ein, zwei Stunden im Walde aus. Selten länger als eine Andacht vor dem Altar.

Einen Kiefernwald besonderer Art sah ich in Dänemark, auf Seeland, in der Nähe des Ortes Tisvildeleje. Die Leute dort nennen ihn den »Trollwald«, und das mit gutem Grund. Die Stämme des Windflüchterküstenwaldes sind gebeugt, gebogen, winden und ringeln sich wie verletzte Würmer, wollen aufstehen und werden immer wieder niedergedrückt, ein märchenhaftes, gespenstisches Durcheinander, ein Ächzen und Stöhnen der verkrüppelten Bäume. Was heutzutage dort nachwächst, ist anders gestaltet, als habe der Wald vor hundert Jahren ein besonders schweres Los auszuhalten gehabt, die Kraft unsäglicher Stürme, das Toben von Gewalten, denen das Verbiegen und Verringeln besonderen Spaß bereitete. Und noch etwas ist ungewöhnlich an diesem lichten, von moosigen Birken durchsetzten Wald: Er steckt derartig voller Holzböcke, daß niemand ohne Zeckenbiß davonkommt, mitunter nisten sich sechs oder sieben nebeneinander ein. Sie lauern an der Unterseite der Pilzhüte und springen weg wie die Flöhe, wenn man den Pilz erntet. Trolle in ihrer Überlebensform, Trollsamen sozusagen? Ein Wald, so geheimnisvoll, von so merkwürdigen, nie geschauten Baumformen, daß es einen dennoch immer wieder hinzieht.

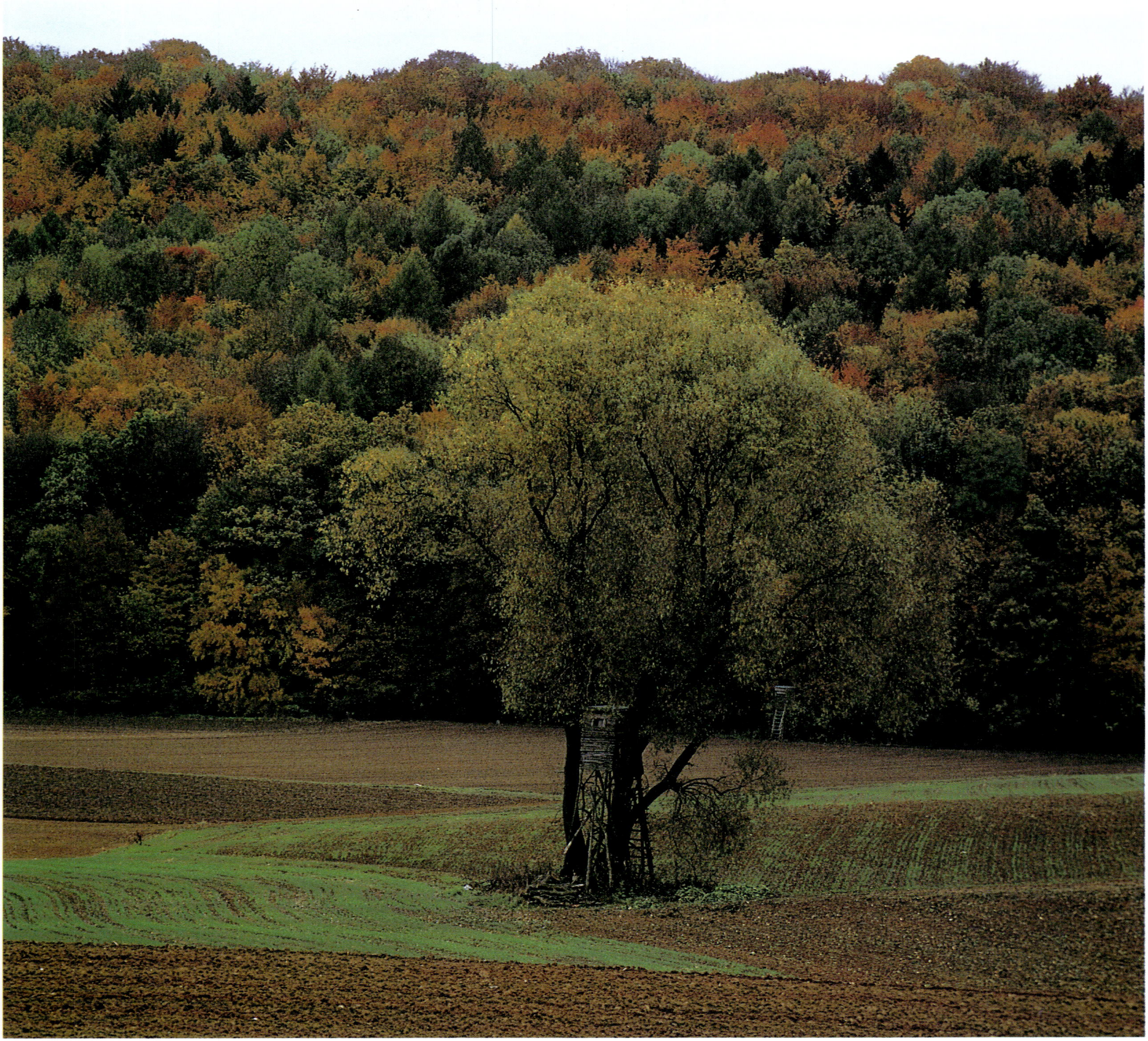

LAUBMISCHWÄLDER

ABER die Laubwälder! Lange habe ich sie nicht gemocht, wenn sie winterkahl und eingezogen dastanden, eine karge Grafik, aufs Wesentliche reduziert. Da zog ich das kuschelige ewige Grün der Weihnachtsbäume vor – bis ich den Rhythmus begriff von Ausschlagen und Abwerfen, der wie Ein- und Ausatmen ist. Bis ich die Farben im winterlichen Laubwald entdeckte: das Ocker der blattwarmen Eichen- und Buchenheister, das Karmin der Gimpel im Schneeballgestrüpp, das sich wandelnde Sepiabraun der Wipfel, das kurz vor dem Knospensprung zu intensivem Violett wurde. Und dann die Rinden! Grün von Algen überzogen, grau von Flechten, mit langen schwarzen Streifen, Chinesenbärten, mit dem geheimnisvollen Schwarz der Löcher und Spalten. Die Birkenhaine, die im Frühjahr plötzlich zu leuchten beginnen mit ganz hellem Stämmeweiß und einem Wipfelbraun wie die Wimpern von Mädchenaugen, so verheißungsvoll, so siegessicher. Und dann steht da erschauernd der erste Baum im zartesten, duftigsten Grün, das man sich denken kann – eine wunderbar klare, perlende Solostimme, aber schon die Nacht darauf ist der ganze Chor eingefallen und singt mit Nachtigallkehlen das grüne Lied der unverwüstlichen Jugend.

Die Wintergrafik der Laubwälder zeigt Schwünge, Verflechtungen, Linien. Unsere Altvordern, die mit dem Abbild nicht viel im Sinn hatten, weil sie wußten, daß es das Original nie erreichen konnte, sie liebten doch die Knoten und Schlingen und stellten sie auf ihren Runensteinen wie auf den hölzernen Steven ihrer riesigen Ruderboote dar, und sie trennten sich selbst dann nicht von ihnen, als ein neuer Glaube ihnen den einzigen Gott im Gehäuse bot. Sie nahmen das Geflecht mit in die Würfel der Kapitelle auf dem Stammstück der Säulen, ließen es um die Portale ranken wie um die Eingänge ihrer Häuser – eine trotzige Erinnerung daran, daß die Welt voller Rätsel sei, deren Entwirren und Entknoten Erlösung brächte. Solche Flechtbänder fanden sie ja in ihrer Umgebung, in den dem Licht zugestreckten Fühlern der Zweige, in den Verklammerungen der Selbstklimmer, wie Waldrebe und Efeu, in den bizarren stachligen Biegungen von Brombeerreben. Und wer so wie sie in der lebendigen Welt lebte und den Jahresbogen verfolgte, der übernahm sie wie der Niederländer Pieter Bruegel, der den selbstverständlich und natürlich lebenden bäuerlich derben Menschen in seinen Bildern feierte. Die Vielfalt seiner Motive ist die Vielfalt des Lebens – nichts, das nicht der Beachtung wert wäre, nichts, das nicht seinen Platz hätte. Bilder, in denen man noch nach Jahren Neues entdeckt, als wüchsen sie selbständig weiter.

In den finsteren Monaten scheint es, als habe sich der Wald eingeigelt und hielte Winterschlaf. Ganz langsam tickt sein Herz, schwach nur fließen die Ströme in den Rinden, im Fauchen der Stürme hört man kaum die Atmung. Im strengen Frost kommt es vor, daß das Wasser im Holz gefriert, und plötzlich reißt der Stamm mit scharfem Knall, spleißt das weiße rohe Fleisch. Frostleisten an Eichen und Buchen haben fast die gleiche Gestalt wie Blitzfurchen, wenn diese über den zerstörten Wassergängen überwallt und vernarbt sind. Gefriert der Boden tief, so erhalten Flachwurzler wie die Fichte nicht mehr genügend Wasser; mitten im Überfluß verdursten und vertrocknen sie und färben sich und rieseln rot. Massen von Schlackschnee biegen und brechen ihre

Wipfel, das gleiche passiert mit den frostharten Birken im vereisenden Regen, der ihre zarten Wipfel in klimpernde Lüster verwandelt und hinabreißt mit stiebendem Geklingel. Wild reißt mit den scharfen Zähnen des Unterkiefers Fetzen aus der saftigen Rinde, verbeißt Knospen und Nadelgrün, so daß Jungbäume dastehen wie barocke Gartenkegel. Der Winter, die kleine Eiszeit, bedeutet schlimmen Streß für die Bäume, sie vegetieren hart an der Überlebensgrenze. Sie reagieren darauf mit einer Überfülle von Blättern und Blüten im Frühjahr – als könnten sie diese bittere Erfahrung ausgleichen durch eine weite Verbreitung der Art, den Tod durch Leben verdrängen.

In den Fichtenforsten des Hochharzes fand ich oft eingeebnete, kreisrunde Flächen, längst wieder mit Bäumen bestanden, und kratzte ich am Wall dieser zimmergroßen Plätze, so trat Holzkohle zutage, Buchenkohle zumeist. Meilerstätten, wo die Köhler die aufgestapelten Scheite verschwelten, um sie als Holzkohle in den Schmelzhütten zu verkaufen. Die Kohlestückchen sind unverändert frisch auch nach hundert Jahren, während von den Buchenwäldern nichts mehr übrig ist als bestenfalls ein Name. Und doch gilt heute noch die Rotbuche als unsere wichtigste Holzart, als die grüne Waldmutter, die mit dem Humus ihrer Blätter die Bestände nährt, und die ein Urbild ist an Kraft und Mut und Ausdauer, eine Baumart, die uns das Beten lehren könnte. Welch ein Fest im Herbst, wenn die Buchenhänge, über die rätschende Häher hinstreichen, zu flammen beginnen. Welch Hoffnung im Frühjahr, wenn unter den silbrigen Stämmen der Boden aufbricht mit Märzenbechern, Bingelkraut, Himmelschlüsseln, Leberblümchen, Lerchensporn, Anemonen und schließlich Waldmeister.

Laubmischwälder

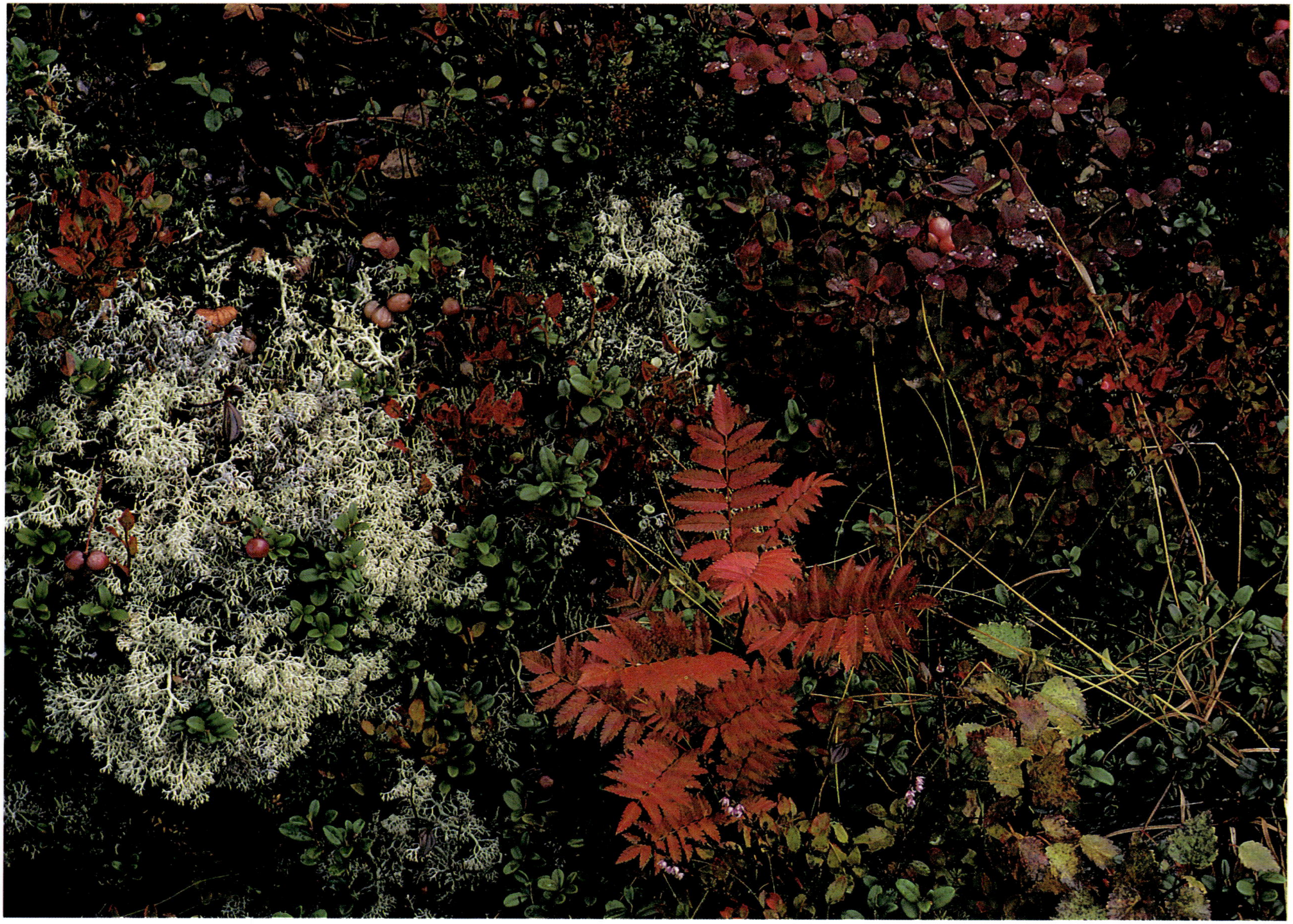

IM ZUGRIFF DES MENSCHEN

DER Mensch hat die Wälder verlassen, aber er hat nie aufgehört, von ihnen zu leben. Er schlug das Holz: Bauholz, Grubenholz, Stellmacherholz, Brennholz. Ehe er zur Entdeckung der Welt aufbrach, holzte er gnadenlos die Zedern des Mittelmeerraumes ab und verarbeitete sie zu Schiffsplanken und -spanten, zu Masten und Schotten. Nur so gelangte er nach Amerika. Nur so eroberten Cäsar und tausend Jahre nach ihm die Normannen unter Wilhelm dem Eroberer Britannien. Der Teppich von Bayeux zeigt die Vorbereitung und Landung der Nordmänner auf Schiffen mit farbenprächtigen Wandungen, mit Speeren, Fakkeln, Bögen. Die Wikinger, die unternehmungslustigen Raubgesellen, fuhren ebenso mit ihren kiellosen Booten die Düna hinauf, zerrten sie auf Rollen über Stümpfe und Hügel bis zum Dnepr und gelangten bis ans Schwarze Meer; sie umrundeten Europa und setzten sich auf Sizilien fest, sie überwanden die Treibeiszone zwischen Grönland und Labrador. Durch zweifingerbreite Planken vom Untergang getrennt, durch die Festigkeit der Jahresringe, gewachsen auf dem Untergrund der ewig singenden Wälder, wo die Wände der heimischen Hütten um den Wiek standen; den Stapelplatz der geräuberten Waren.

»Wand« kommt von »Winden«, vom Verflechten der Weidengerten zu einer Fläche, die mit häckselvermischtem Lehm bestrichen wurde und Hunderte Jahre hielt, ehe Krieg und Eroberung römische Steinmauern nötig machten. Ackergeräte fertigte man aus Holz: der erste Pflug war ein Stamm mit Astknorren, der die Erde aufriß. Das erste Rad eine Baumscheibe, also eine verkürzte Walze, ehe man lernte, Nabe und Speichen und Felge zusammenzufügen und mit einem Eisenreifen haltbar zu machen. Der erste Spaten war ein Grabscheit, das erst später eine Eisenkante erhielt zum besseren Zubiß. Der erste Löffel ein Stück Rinde oder ein Span. Das allererste Werkzeug überhaupt, lange vor dem Faustkeil: der Knüppel. Wenig verändert noch in Gebrauch als Baseballschläger – der Mensch kehrt am Ende seiner Tage zu seinem Ursprung zurück.

Der Wald lieferte von Anfang an nicht nur Holz. In ihm weidete man die Herden von Rindern oder Schweinen, sein Herbstlaub sammelte man als Einstreu oder Winterfutter, seine Früchte und Samen dienten zum Überleben. Zeidler ernteten den Honig wilder Bienen; ihr Berufsstand war so angesehen, daß es im Mittelalter ein eigenes »Zeidelgericht« gab, das Streitfälle klärte. Pechbrenner kratzten Harz und gewannen daraus einen Stoff, mit dem sie ihre Boote kalfaterten, so daß diese Sturm und rauhe See überstanden. Noch heute ist Harz ein wichtiger Grundstoff, etwa für die Kolophoniumherstellung. Köhler schwelten im Meiler die Holzkohle, die man zur Eisenverhüttung brauchte. Von den Chinesen (und den Wespen) lernte man die Papierherstellung aus Holzschliff. Gerbrinden benutzte man zum Aufbereiten der Tierfelle, und der Stand der Lohgerber gehörte zu den bedeutenden Gewerken in den jungen Städten. Jahrhunderte hindurch erhellte man die finsteren Räume mit Hilfe von Kienspänen. Kräuter, Blüten, Blätter, Früchte und Pilze lieferten ganz nach Bedarf Heilmittel oder Gifte. Der Wald wurde allseitig genutzt, er war geliebt und gefürchtet. Er gewährte Schutz, und er bedeutete Verlassensein. *Oft liefen sie im Walde allein umher und sammelten rote Beeren, aber kein*

Tier tat ihnen etwas zuleid, sondern sie kamen vertraulich herbei; das Häschen fraß ein Kohlblatt aus ihren Händen, das Reh graste an ihrer Seite, der Hirsch sprang ganz lustig vorbei, und die Vögel blieben auf den Ästen sitzen und sangen, was sie nur wußten. Kein Unfall traf sie... (»Schneeweißchen und Rosenrot«) *Wir wollen morgen in aller Frühe die Kinder hinaus in den Wald führen, wo er am dicksten ist: Da machen wir ihnen ein Feuer und geben jedem noch ein Stückchen Brot, dann gehen wir an unsere Arbeit und lassen sie allein. Sie finden den Weg nicht wieder nach Haus, und wir sind sie los.* (»Hänsel und Gretel«)

Im Wald sammelten sich die Verfemten und die Räuber, er war Heimstatt den Hexen und Unholde, in ihm gab es Drachen, grausige Tatzelwürmer und das schleimige, Entsetzen einflößende Gewimmel des Heerwurms, der Prozessionen von Heerestrauermückenlarven, die Krieg ankündigten. Waldgeschichte ist durch Jahrtausende hin auch Menschengeschichte.

AUF, AUF ZUM FRÖHLICHEN JAGEN

HIEROBEN! Wenn ich Ihnen nur diesen Blick der mich nur kostet aufzustehn vom Stuhl hinüberseegnen könnte. In dem grausen linden Dämmer des Monds die tiefen Gründe, Wiesgen, Büsche, Wälder und Waldblösen, die Felsen Abhänge davor, und hinten die Wände, und wie der Schatten des Schlossbergs und des Schlosses unten alles finster hält und drüben in den sachten Wänden sich noch anfasst, wie die nackten Felsspizzen im Monde röthen und die lieblichen Auen und Thäler ferner hinunter, und das weite Thüringen hinterwärts im dämmer sich im Himmel mischt. So schwärmt Goethe begeistert in einem Brief vom 13. September 1777, den er von der Wartburg an seine Freundin Charlotte von Stein schrieb. Der Herzog Karl August hatte ihn zu einem Jagdausflug mitgenommen. *Mit Herzog, Merck zu Fus durchs Hell Thal in's Landgrafenloch, konnte nichts zeichnen! nach Wilhelmth. Gegen Abend ging mit Wenzing pirschen. Sah drey stück Wild, hörte den Hirsch nur wenig rufen in den Wänden gegen über* (Goethe: Tagebuch, Eintragung vom 26. September 1777).

Als der Herzog zwei Monate später wiederum in die thüringischen Wälder reiste, um Sauen zu fangen, ließ sich Goethe beurlauben und machte sich auf eine einsame Reise in den Harz. Bei dem Spektakel der Sauhatz in Weimar war er jedoch wieder dabei. *15. kamen die Schweine von Eisenach 16. früh Hazze in der Reitbahn mir brach ein Eisen in einem angehenden Schweine, unter der Feder weg. Wizlebens Jäger ward geschlagen* (Goethe: Tagebuch, Eintragung vom 15./16. Januar 1778).

Von Anfang an wichtig war die Jagd. Galt zuerst nur die Beute als Lieferant von Fleisch und Fell und Klauen, Fett und Sehnen, so bedeutete die Überwindung wehrhaften Wildes auch männliche Tugend: List und Stärke, Gewandtheit und Ausdauer, Mut und Opferbereitschaft, Härte. Schon bei den Steinzeitsippen spielte auch die Trophäe eine wichtige Rolle: das Mammut-Elfenbein zum Schnitzen von Amuletts, die Wolfszähne, Eberhauer, Bärenklauen aufgefädelt um den Hals, die Urhörner und Adlerfedern an der Kappe, das Löwenfell. Der Pferdeschädel an der Opferstätte, am Hausgiebel. Je rascher das wehrhafte Großwild abnahm, desto größeren Wert erhielt die Trophäe. Bald war es nicht mehr jedem erlaubt, die Jagd auf jegliches Getier auszuüben; die stolzeste Beute gehörte dem Anführer: dem Häuptling, dem König. So geschah es zwangsläufig, daß man, als das Deutsche Reich sich herauszubilden begann, zwischen Hoher und Niederer Jagd unterschied, gestattet den Hohen oder Niederen.

Daß der Herr Heinrich, der erste Sachsenkönig, am Vogelherd gesessen haben sollte, war nicht nur der Ausdruck seiner Volkstümlichkeit, sondern durchaus auch Verächtliches: Der Auserwählte gab sich mit dem Firlefanz des niederen Volkes ab, statt sich hehren Zielen zuzuwenden. Es kann möglich sein, daß die Legende vom Finkler von Heinrichs Gegnern verbreitet wurde: Singvogelfang – eine Beschäftigung, die eines Königs unwürdig war.

Dafür aber erklärten die Könige ihr Jagdgebiet zum Reichsbannforst, in dem zu jagen nur ihnen (von extra dazu eingerichteten Königshöfen und Jagdpfalzen aus) erlaubt war, und niemand durfte mit gespannter Armbrust oder freilaufenden Hunden eindringen. Einen breiten Raum nimmt im »Nibelungenlied« die Darstellung der königlichen Jagd im Wasgenwald ein

(Vogesen; woher kommt es, daß sich vor allem die Orte und Weiler in Odins Wald, dem Odenwald, um den Platz der ruchlosen Tat streiten?); der trefflichste Jäger ist Held Siegfried. Er erlegte nacheinander: »ein vil starkez halpful« (Halbfohlen, Wildpferd?), »einen ungefüegen lewen« (Löwen), »einen wisent und einen elch« (Wisent und Elch), »starker ure viere« (vier Auerochsen), und »einen grimmen schelch« (Riesenhirsch), »hirze oder hinden« (Hirsche und Alttiere), »einen eber grozen« (Keiler), zum Schluß fängt er mit bloßer Hand »ein tier vil gremelich, daz was ein ber wilde« (ein wilder Bär), schleppt es ins Lager und läßt es dort zu seinem Gaudi frei, wo es in seiner Not große Verwüstungen anrichtet, bis es der Held erlegt. Seine Strecke, in der alles versammelt ist, was dem Erzähler an Großwild einfiel, wird von niemandem übertroffen, und sollte es bis dahin noch irgend welche Zweifel an der geplanten Mordtat geben, so beweisen sein Jagdglück und der Neid des minder erfolgreichen Königs: Einen solchen Nebenbuhler darf man nicht dulden. Erst jetzt stößt Hagen den Speer in den ungeschützten Rücken des Trinkenden. Das »Nibelungenlied« nimmt seine Figuren zwar aus der Zeit der Völkerwanderung, aber es wurde niedergeschrieben in der Denkart und nach dem Ehrenkodex der höfischen Ritterzeit.

Wenn es den Kaisern und Königen nicht gelang, selbst mit Reichsburgen um den Harz den Reichbannforst vor dem Zerbröckeln und vor dem gierigen Zugriff der Herzöge und Ministerialen zu retten, so wird die Jagd, die Hohe Jagd, ausschließlich zum Privileg des Adels, der allerdings zu deren Ausübung eines Heeres von Jägern, Falknern, Hegemeistern, Heidereutern, Zeugmeistern, Jagdpagen, Rüdemeistern, Büchsenspannern bedurfte. Von Hunden und Treibern. Es entwickelte sich ein Brauchtum mit ganz festen Regeln und Riten und mit einer eigenen bildhaften Sprache, das bis in unsere Zeit hinein lebendig geblieben ist.

Ich bin nie Jäger gewesen, als Junge allenfalls Treiber, aber ich mag den Klang der Hörner, das Gejiff der Hunde, die atemlose Pirsche im klitschnassen Gras und den beruhigenden Abendansitz auf dem Hochsitz, wenn jedes Geräusch, und sei es das Nagen einer holzschrappenden Wespe, ein besonderes Gewicht bekommt. Das sanftplätschernde beiläufige Abendlied des Rotkehlchens. Die hoch vor violettem Himmel dahinrudernden, sich beständig zuronkenden Raben Hugin und Munin – Gedächtnis und Gedanke. Ich mag den Geruch des schweren Lodenmantels und das kräftige Essen über den Daumen, ich mag die Ursprünglichkeit und Direktheit der Jägersprache, die noch so dicht an den Dingen geblieben ist, ich mag den Dunst des Aufbruchs und den beißenden Geschmack des Pulverdampfs. Ich will selbst nicht töten, doch es ist soviel Jägerblut meiner Vorfahren in mir, daß ich die Jagd nicht missen möchte, auch wenn die Jäger und Fallensteller ins Gerede gekommen sind, leider oftmals zu Recht. Wer wirft den ersten Stein? Und es entwickelte sich ein wilder, blutiger, gnadenloser stiller Kampf zwischen Jägern und Wilderern, zwischen Privilegierten und Ausgeschlossenen. Die Geschichte des Waldes ist auch die Geschichte der Wilderei, der grausamen Prozesse und Urteile, der überwucherten Gedenksteine von gemeuchelten Jagdbediensteten – bis in unsere Tage hinein. Der Haß der Rechtlosen und die Verherrlichung von Wildschützen (etwa des erzgebirgischen Stülpnerkarl, des rheinischen Schinderhannes, des bayrischen Hiesel oder des Arnsbergischen Klostermann) widerspiegelt sich in unzähligen Überlieferungen und Geschichten, und mancher hat noch im Rauchfang den alten Vorderlader oder die Stockflinte seiner Vorfahren, gut eingefettet und heilig gehalten wie eine Reliquie.

Grund gaben die Feudalherren, besonders des 17./18. Jahrhunderts, mit ihrer Maß- und Zügellosigkeit, mit der Nichtachtung der Bauernarbeit, mit ihren prunkvollen Hofjagden, die alles Weidmännische in Frage stellten. Die von Frankreich überkommene Parforcejagd, in der in sternförmig durchforstetem Gelände der Hirsch mit Reitern und Hunden zu Tode gehetzt wird, die eingestellten Jagen, bei denen Hochfürstlicher Durchlaucht das Wild am Stand vorbeigetrieben wird wie eine Kuhherde, so daß Hoheit an einem Tage bei fröhlicher Musik dreihundert Tiere und mehr zur Strecke bringen kann, oder das – vor allem zu Vergnügen der Damen erfundene – Fuchsprellen.

Hierbey erinnere ich mich eines plaisirlich anzusehenden Fuchsprellens, welches Ihro Hochfürstl. Durchl. Ludewig Rudolph, Hertzog zu Braunschweig und Lüneburg, in Blanckenburg Anno 1724 hielten... Wie der Platz zum Prellen eingerichtet, und die Thiere am Tuche hingeschafft, denen Hasen vorhero von starckem gepapptem Pappiere, Kragen... auch sonst unterschiedliche Portraits an- und aufgemacht waren; so hatten sich die Jäger vor dem Schloß-Hofe rangiret... Darauf werden aus dem Kasten etliche von den Füchsen und Hasen in den Platz gelassen. Lauffen dieselben nun über die Prellen (Gurte oder Tücher 9 bis 10 Ellen lang), so stehen die Herren schon parat, rücken beyde zugleich, daß sie zuweilen etliche Ellen hoch in die Lufft fliegen. Sie kommen aber kaum herunter und wieder auf die Prelle, so werden solche schon wieder in die Lufft geschicket, davon sie dann gantz taumelnd und herum kriechend werden. Etliche crepiren auch, oder man schlägt sie vollends todt. Solches wird denn folgends mit allen vorbenannten Thieren continuiret. Die Dachse und Frischlinge prellen sich ihrer Schwere so gut nicht; die Katzen aber bleiben öffters an den Prellen kleben... (Heinrich Wilhelm Döbel: »Jäger Practica oder der wohlgeübte und Erfahrene Jäger – eine vollständige Anweisung)

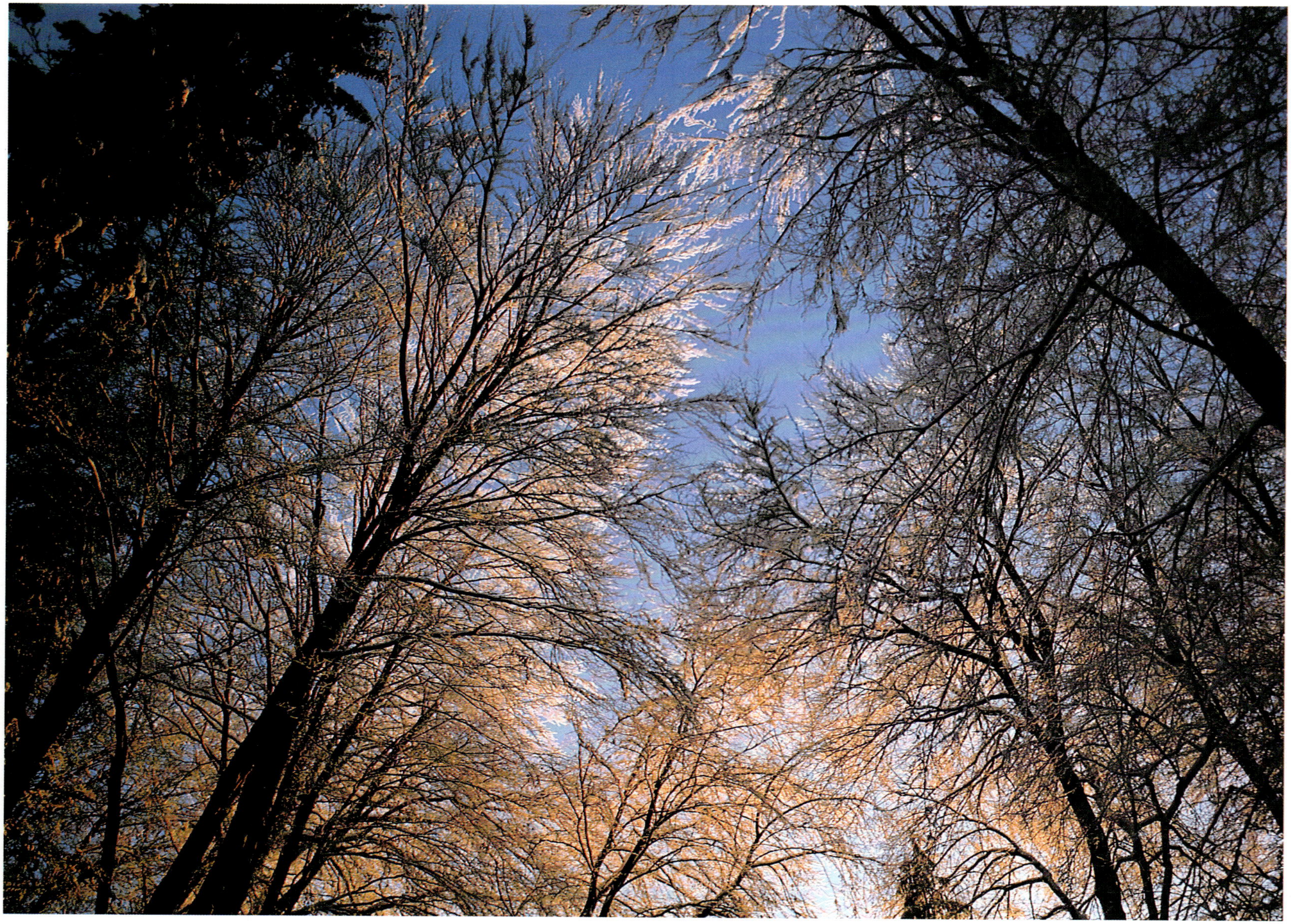

FUCHSJAGD

DIE Füchse, dem Raubwild zugerechnet, spielten in der Mythologie der Deutschen eine besondere Rolle. Das mittelalterliche, von Goethe in neue Fassung gebrachte Versepos vom »Reineke Fuchs«, das »Märchen von der neunschwänzigen Füchsin«, das Spottlied von »Lütt Matten« dem Has. Der Fuchs als Sinnbild von Schläue und Verschlagenheit. Baujagd mit dem Teckel, Verfolgung mit Gaspatronen und Giftködern, Fallenstellerei und Ansitzjagd haben ihn nicht ausrotten, er hat seinen roten Balg bis in unsere Zeit retten können. Jahrelang brachte er Gefahr durch Verbreitung der Tollwut. Bis es gelang, ihn durch ausgelegte Impfstoffköder zu immunisieren. Was der Mensch nicht bedachte: Die Folge ist nun ein explosionsartiges Ansteigen der Fuchsbestände. Die Jagd erscheint wenig attraktiv, der Pelz ist heute nicht begehrt, natürliche Feinde gibt es kaum; so vermehren sich die Tiere in einem Maße, das überhaupt erst offenbar werden läßt, wie sehr die Tollwut die Bestände klein gehalten hatte, nämlich achtzig von hundert. Und schon, wie immer, wenn der Mensch mit seiner groben Hand versucht, regulierend in ein Ökosystem einzugreifen, zeigen sich neue Gefahren. Zum einen für das Niederwild. Der arme Meister Mümmelmann, der Feldhase, durch Herbizide, Insektizide, Fungizide und wer weiß noch welche -ide, durch Kunstdünger und Mäusegifte in seinem Bestand beängstigend rückläufig, wird nun noch zusätzlich durch Füchse, Füchse, Füchse verfolgt; das Rebhuhn, einst selbst in der Umgebung der Großstädte so zahlreich, daß der »Gestiefelte Kater« nur zuzulangen brauchte, um einen Sack voll dem König Leckermaul anzubieten, kann sein Gesperre ebensowenig hochbringen wie der weitverbreitete Fasan. Und was die Füchse nicht schaffen, vollenden verwilderte Hauskatzen. So wird die Fauna immer ärmer und dürftiger. Aber auch auf den Menschen schlägt sein Impferfolg zurück: Warnte man noch vor kurzem vor der Tollwut, so hüte man sich jetzt vor dem Fuchsbandwurm, der sich mit seiner Finne im Gehirn einnisten und entsetzliche Kopfschmerzen verursachen kann, die, unbehandelt, zum qualvollen Tode führen, nur eine Operation kann – vielleicht – helfen. Aufnehmen aber kann man den Fuchsbandwurm mit jeder Handvoll Beeren, mit jedem begeistert gefeierten Pilz, ja selbst mit einem harmlosen Knüttel…

Und so heißt das Fazit: Bleibe draußen aus dem Wald, Mensch, so dir dein Leben lieb ist, denn außerdem lauern da noch die Zecken, die Enzephalitis verbreiten, und männigliche Gefahren auf dich. Kaufe gefälligst deine Beeren und Pilze in der Blechbüchse im Supermarkt, eingeweckt, sterilisiert und mit vielfältigen künstlichen Stoffen haltbar gemacht, und entfremde dich der Natur immer mehr. Du kennst die Kuh nicht, die dir Milch liefert, du weißt nichts mehr von der Köstlichkeit selbst angesetzter Dickmilch, du wirfst achtlos deine Bananenschale in die Büsche und weißt nicht, wie arm du dich gemacht hast. Man kann nicht einmal mehr fragen: Wohin gehst du, Herr? – denn du bist des Gehens entwöhnt: Man hat dich einst in den Kindergarten gefahren, dann in die Schule, dann fuhrst du selbst ins Büro. Als du lesen lerntest, lasest du, dich gruselnd, von dichten dunklen gefahrvollen Wäldern, aus denen die Menschheit einst aufgebrochen sein soll, um sich die Erde untertan zu machen. Das Buch aber, damals gab es noch Bücher, war aus dem Körper der Bäume, war aus Papier.

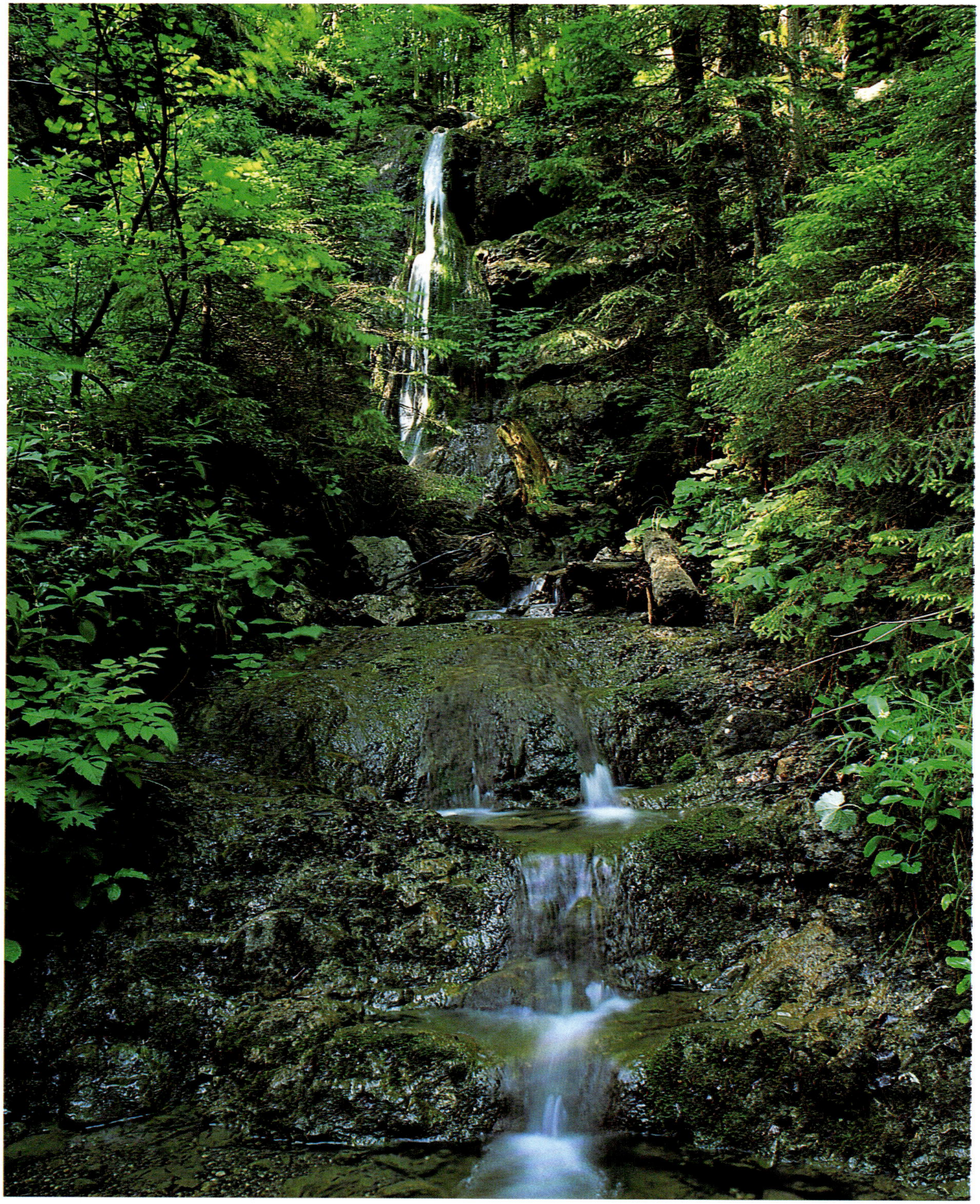

ARTENWECHSEL – ARTENSCHWUND

NICHT, daß wir nicht anspruchsvoll wären! Nur das Beste soll uns genügen. Die Ananas ist besser als die Backpflaume, die Douglasie besser als die Fichte, der Wapiti besser als der Rothirsch. Und so geht das Urbarmachen der Wälder einher mit einer Faunenveränderung, deren Ursprünge weit im dunkeln liegen. Über die Ausrottung von Ur, Wisent und Wildpferd, von Bär, Wolf und Luchs, Adler, Lämmergeier und Waldrapp wurde schon gesprochen, noch nicht über das Einführen von Arten, die hier nicht heimisch sind. Zu Römerzeiten wurde das Damwild aus dem Mittelmeerraum eingeführt, wenig später das Wildkaninchen aus Spanien, der Fasan und der Pfau aus Indien, und immer so weiter, und in unseren Wäldern tummeln sich Tiere, die es früher dort nie gegeben hatte. Bisamratte, Mink und Waschbär aus Nordamerika, Nutria aus Brasilien und Argentinien, Marderhund aus dem Osten. Um die Jahrhundertwende bemühte sich der Immobilienmakler Tesdorpf aus Hamburg um die erfolgreiche Einbürgerung des Mufflons aus Korsika und Sardinien, der Virginia-Uhu horstet in einzelnen Exemplaren, der amerikanische Flußkrebs verdrängte den Edelkrebs und die Wollhandkrabbe die Flußperlmuschel. Man fing in den Gewässern schon Alligatoren, Kaimane und Piranhas und in den Abflußleitungen Boas, denn Tierfreunde entsorgen in die Natur, was sie daheim nicht mehr mögen. So geraten possierliche Streifenhörnchen in Parks, aus denen die Spatzen allmählich verschwinden. Und mit den Spatzenschwärmen, wo es sie noch gibt, habe ich mitunter Sittiche fliegen sehen, grün oder gelb, wenigstens im Sommer. Und da sich in der Natur immer der Vitalere durchsetzt, verdrängten in England die grauen amerikanischen Eichhörnchen bereits völlig die roten und schwarzen europäischen, wie auch der kanadische Biber in Finnland und Norwegen den skandinavischen in seinen angestammten Räumen bedroht.

Ähnlich wie in der Tierwelt sieht es im botanischen Bereich aus, wobei landwirtschaftliche Erzeugnisse, wie Kartoffel, Tabak, Wein, Tomate, Spargel oder Mais schon gar nicht genannt sein sollen, aber in den Wäldern und Parks grünen dank menschlichen Zutuns Roßkastanie und Robinie, Atlaszeder und Douglasie, Küstentanne und serbische Omorika, Sitka, Thuja orientalis und occidentalis, Blaufichte und Hemlockstanne, Walnuß und Marone, Platane, kaukasische Nordmannstanne, Essigbaum, Mammutbäume, Ginkgo. Fremdländische Ahornarten, Magnolien, Tulpenbäume, Araukarien. Selbst die altgewohnte Lärche eroberte einst von den Bergflanken der Alpen und Sudeten aus – mit Hilfe der Menschen – die mitteleuropäischen Räume, und in den Gewässern ersetzt die Wasserpest die einst häufige Wassernuß und den Schwimmfarn. Manches mag gut sein, auf manches könnte man verzichten, doch es ist einmal da. Wesentlich erscheint, daß der Mensch nun auch für die Folgen seines Tuns geradesteht und die Dinge nicht aus dem Ruder laufen läßt. Und das kann er nur, wenn er die Bindung zur Natur nicht völlig verliert.

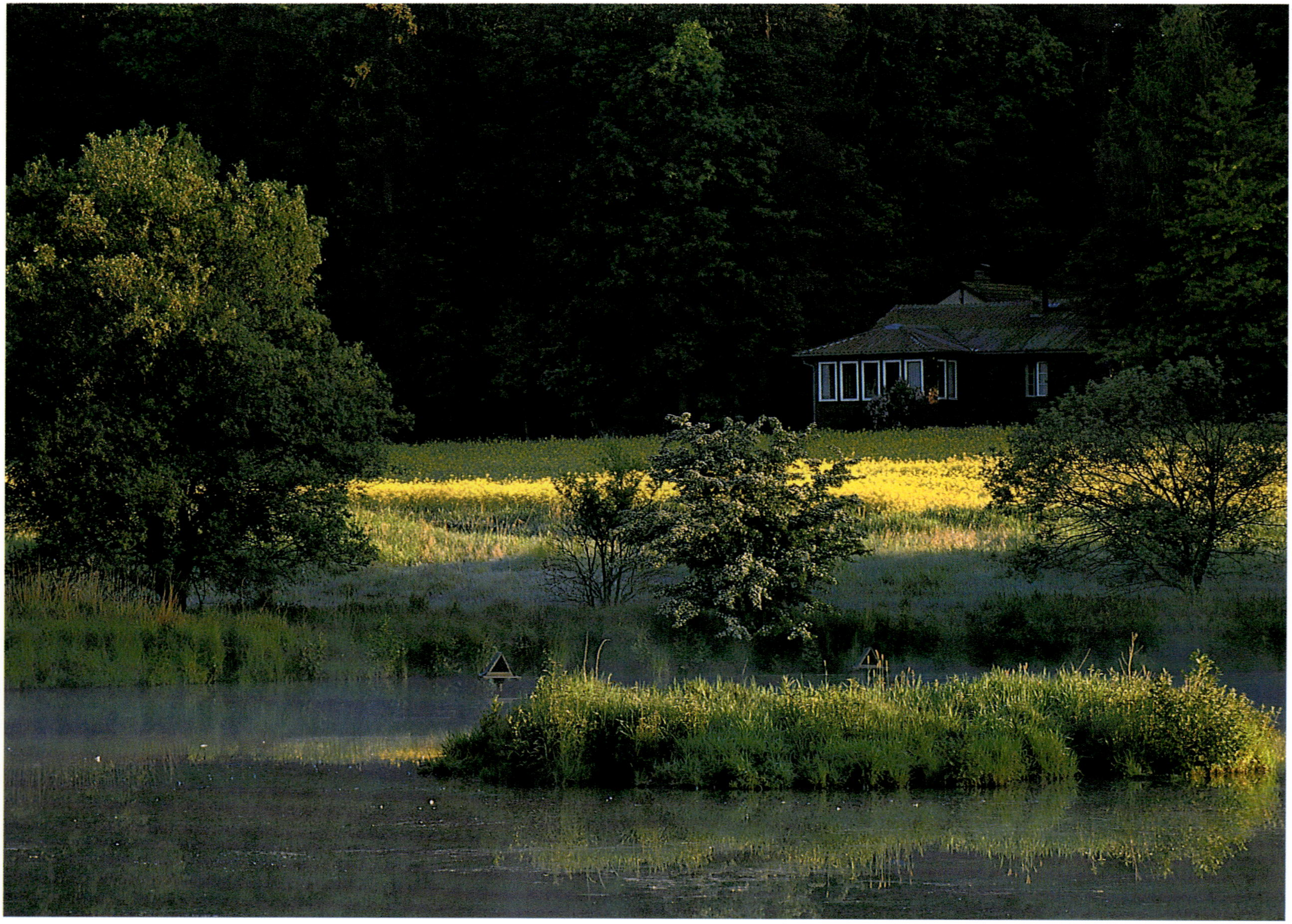

KLEINE MITTELEUROPÄISCHE WALDGESCHICHTE

WER ein guter Fußgänger ist, durchläuft den Hercynerwald... der Breite nach in neun Tagen... Man findet hier keinen Germanen, der, wenn er auch sechzig Tage fortgelaufen ist, sagen kann, er sei an das Ende gekommen oder habe etwas davon gehört, berichtet Cäsar in seiner Darstellung »Der gallische Krieg«, und an anderer Stelle: *Der größte Ruhm eines Volkes ist, weit und breit um sich herum Einöden und Wüsteneien zu haben. Sie sehen es als einen ganz besonderen Beweis von Tapferkeit an, wenn ihre verjagten Nachbarn auswandern und niemand es wagt, sich an den Grenzen aufzuhalten. Das betrachten sie zugleich als ein Mittel für ihre Sicherheit, weil man so keine plötzlichen Überfälle zu befürchten hat.*

Um die Zeitenwende war ganz Mitteleuropa von undurchdringlichen Wäldern und Morästen bedeckt, durch die sich, oft von breiten Kronen überwölbt, Flüsse wanden, die das überschüssige Wasser zum Meer ableiteten, und es gab wenige natürliche Freiflächen: Felsbereiche, Steppeninseln oder auch die Sandbänke an den Gleitufern, die ihre Lage immer wieder änderten. Die germanischen Jägersippen siedelten vergleichsweise dicht, aber in kleinen dörflichen Anlagen ohne Landwirtschaft; der Kahlschlag um ihre Weiler schien lebensnotwendig und tat den Urwäldern kaum Schaden, doch er wendete sich bereits gegen den Wald.

Ein knappes halbes Jahrhundert danach, zur Völkerwanderungszeit, boten diese Gebiete immer noch zu wenig Lebensraum, so daß Vandalen, Goten, Burgunden hindurchzogen, doch immerhin schon (in Ost-West-Richtung) auf Wegen, durch Furten und auf Knüppeldämmen, die die Wälder durchlässig machten für Roß und Troß – so wie ehedem auch schon römische Heere in Gegenrichtung vorgedrungen waren als glücklose Konquistadoren. Schlachten, wenn es dazu kam, geschahen zumeist an Flüssen oder in Flußnähe, wie der mörderische Kampf zwischen Thüringern und einfallenden Sachsen 531 bei Schidigun an der Unstrut, von dem es heißt, der Fluß sei so voll Leiber Getöteter gewesen, daß man wie über eine Brücke hinübergehen konnte.

Zu entscheidenden Ein- und Übergriffen gegen den Wald kam es in der Rodungsperiode des Mittelalters. Das war nicht nur Landnahme zum Ackern und Pflügen – zum Bau der Städte und Siedlungen brauchte man vor allem Holz und erst in zweiter Linie den teuren Stein, zudem begann der Bergbau als ernstzunehmende Erwerbsquelle. Die Salzsiederei verwandelte Wälder in Heiden und überzog die schwitzenden Pfannknechte mit harter Kruste. Die Köhlerei verschlang die Bäume; der feuerspeiende Drache Fafner im »Nibelungenlied« war ein Blasebalg, mit dem man die Schmiedeglut anfachte, um Waffen zu fertigen, die einen unschlagbar machten, im vom Widerschein blutroten Wasser gehärtet. Der naturverbundene Mensch, der die Sprache der Vögel verstand, erhob sich wider die Natur, verschwendete sie, holzte ab, trieb Raubbau und Kahlschlag. Doch die Linde hat ihn gezeichnet mit ihrem Blatt auf der Schulter, und unter der Linde ereilte ihn sein Schicksal. Im Wasgenwald.

Zunächst konnte jeder einschlagen und Holz holen, wie er wollte, es gab mehr als genug davon, man war froh, daß es verschwand. Die Nutzung erfolgte allgemein und völlig ungeregelt. Dann gaben jedoch die Könige Obacht, daß ihnen ihre Jagdrefugien blieben, und erklärten sie zum Bannwald. Eike von Repkows »Sachsenspiegel« gibt über bestehende Gesetzlichkeiten insbesondere der Jagdausübung Auskunft. Und schließlich ward auch das Holzholen eine Angelegenheit, die geregelt werden mußte. Die Stadtforsten dienten vor allem zur Entnahme von Bauholz, aber auch von Küchenholz und Brennholz für den Winter (wobei freilich weniger Räume geheizt wurden als heute); man schnitt die Eichen ab und ließ sie aus dem Stock einfach wieder nachwachsen, was sie schwach und krüpplig werden ließ. Die Waldgebiete in den dörflichen Bereichen wurden zur Schweinemast und als Waldweide für Ziegen und Kühe genutzt, so blieben einzelne Starkbäume als Huteeichen stehen; Jungwuchs kam nicht hoch, wurde immer wieder verbissen. Erste industrielle Nutzung für Berg- und Hüttenwesen sowie Salzsiederei führte zu partiellen oder auch schon großflächigen Entwaldungen. Darin war man ähnlich rigoros wie die Schiffbauer und Silbergrubenbetreiber des antiken Mittelmeerraumes. Es gab kaum Schutz, außer dem Bann für den Eigengebrauch des Herrschers – frühe Vorstufe späterer Nationalparke. Und auch die Jagd blieb in den Anfängen eine Angelegenheit für jedermann, was das Niederwild und den Vogelfang betraf, und wurde zur Pflicht, wo es gegen Wölfe und andere Raubtiere anging.

Nachdem Wir zu verschiedenen mahlen mißfällig vernehmen müssen, was massen Unsere Lehn-Schultzen, Bürger und Unterthanen bey den schuldigen Wolfs- und anderen Jagd-Diensten sich nicht nur säumig, sonder auch gar widerspenstig und ungehorsamlich erwiesen, und wann sie von Unsern verordneten Jagd- und Forst-Bedienten bestellet und gefordert worden, entweder vorsetzlicher Weise ausgeblieben, oder wann sie sich ja eingefunden, nicht gehörige Parition *geleistet, oder auch wohl gar Kinder und zum Gebrauch bey dem Jagen untüchtige Personen abgeschicket: Als befehlen und verordnen Wir hiermit gnädigst und mit Verwarnung vor die in den dieserwegen vielfältig ausgelassenen Edicten enthaltene Strafe, daß vorgemeldete Unsere by den Wolfs- und anderen Jagden zu dienen schuldige Lehn-Leute, Clöster und Unterthanen sich in Zukunfft der ihnen bereits zur Genüge bekannten und in den Wolfs-Pässen exprimirten Verfassung gemäß bezeigen sollen: Allermassem diejeniegen, welche sich dabey widerspenstig bezeigen, angegeben und bey den Holtz-Märckten mit empfindlicher Leibes-Strafe beleget werden sollen* (»Renovirte Holtz- Mast- und Jagdordnung« Friedrichs des Großen, 1743).

Im 18. Jahrhundert waren weite Landstriche bereits derartig entwaldet, daß man, aus welchen Gründen auch immer, zur geregelten Anbauwirtschaft übergehen mußte. Johann Georg von Langen im Braunschweigischen, Hans Dietrich von Zanthier im Preußischen, Heinrich Cotta im Sächsischen, Georg Ludwig Hartig im Hessischen waren Pioniere des Waldbaus, der Forstwirtschaft, der forstlichen Ausbildung. 1770 wurde die erste preußische Forstakademie in Berlin gegründet, die 1830 unter Friedrich Wilhelm Leopold Pfeil nach Eberswalde übersiedelte.

Kleine mitteleuropäische Waldgeschichte

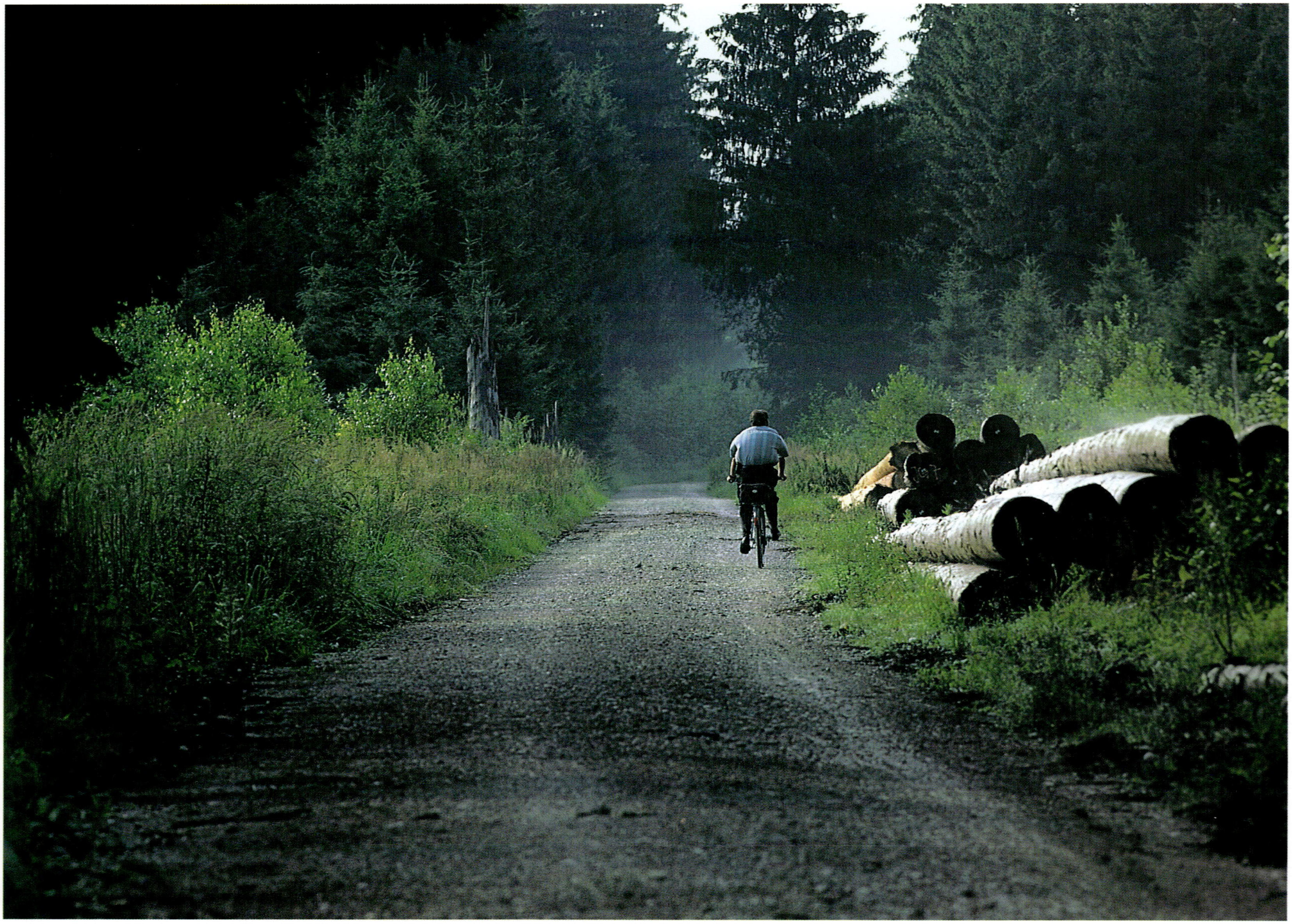

FORSTWIRTSCHAFT

DER Begriff »Forst« ist schon früh in Gebrauch, doch hat er seine Bedeutung gewandelt. Bereits bei den Merowingern und Karolingern taucht er auf, abgeleitet vom lateinischen »foris, foristis«, was »außerhalb« bedeutet. Auch in dem Sinne, daß er ein Gebiet außerhalb des allgemeinen Zugriffs, als der Krone vorbehalten, beschrieb, also als Reichsbannforst, in dem Holzfällen und Jagen verboten war. Bann bedeutet: das Gesagte, also das durch Königsspruch festgeschriebene Gesetz. Ab dem 18. Jahrhundert verstand man unter Forst einen gepflegten und durch menschlichen Eingriff gezogenen Wirtschaftswald im Zyklus von Waldbau, Waldpflege, Waldnutzung.

Johann Georg von Langen. 1699 im Thüringischen geboren, mit 18 Jahren Jagdpage am Hofe Ludwig Rudolfs im Fürstentum Blankenburg, fähiger Organisator großangelegter Jagden. Mit zwanzig auf Studienreisen, wo er sich – ein ausgesprochenes Novum – mit Forstwirtschaft befaßte. Dreizehn Jahre lang vermaß und kartierte er die Wälder im Fürstentum, führte die Saatzucht ein und legte Pflanzungen an. Mit vierzig wurde er von König Christian VI. beauftragt, als Generalforstmeister das Forstwesen in Dänemark und Norwegen zu organisieren. Er erfaßte karthographisch, erließ Verordnungen, versuchte zu überzeugen. Zum Beispiel dort, wo in Tisvildeleje der »Trollwald« seine skurrilen Baumformen bildete, war vordem durch unkontrolliertes Abholzen von Bauernwald eine riesige, Dörfer verschlingende Wanderdüne wie eine Riesenwoge aus Sand aufgewölbt, die durch beharrliche Eingriffe des ihm unterstellten Forstmanns Korb allmählich befestigt wurde und schließlich zum Stillstand kam. Zurückgekehrt, führte Langen den Kartoffelanbau im oberen Harz ein, um die Not der Holzfäller und Steinbrecher von Braunlage zu lindern. Mit den Produkten wollte er eine Schnapsbrennerei betreiben, doch die Leute aßen heißhungrig die Kartoffeln schon vorher auf. Aus gleichen Gründen betrieb er den Anbau der herzoglich braunschweigischen Porzellanmanufaktur in Fürstenberg an der Weser. Das Leben von Langens endete 1776, im Jahr darauf verstarb der preußische Forstmeister und Gründer der Forstakademie Ilsenburg Hans Dietrich von Zanthier.

Die deutschen Forstleute standen seit jeher im Zwiespalt zwischen vielgestaltigem, reich gestaffeltem, gesundem Naturwald und raschwüchsigem Wirtschaftswald, der mit geringstem Aufwand in schnellstmöglicher Zeit zu nutzen war, freilich auch monoton und anfällig – ein Stangenacker. Die besten unter ihnen haben auch nach Lösungen gesucht, ein stabiles, kräftiges naturnahes Bestandsgefüge zu erreichen. Und sie haben immer ein ausgewogenes Verhältnis von hiebreifen Beständen und nachwachsendem Jungholz angestrebt. Der Forstmann hat sich darauf eingelassen, daß er nicht ernten wird, was er anbaut, denn Holz braucht hundert Jahre, bis es gefällt werden kann, aber er nutzt, was andere vor ihm pflanzten, und so denkt er in Generationen statt in Sommern. Was bedeutet, daß seine Umsicht und seine Fehler und Irrtümer sich auch erst bei den Enkeln offenbaren. Wenn er einen Wald verjüngen muß, so geht er planmäßig vor, nämlich in vier Stufen: Vorbereitungs-, Samen-, Licht- und Abtriebsschlag, und er achtet darauf, daß die Stämme genügend Platz und Licht finden, um zu gedeihen. Er weiß, daß es am günstigsten ist, der Natur behutsam zu helfen, statt sie zu vergewaltigen, besser, Flächen sich selbst bestocken zu lassen, als fremdes Pflanzgut zu setzen, und so läßt er einige Samenbäume – Überhälter – stehen, in deren Schutz und Schatten die Baumjugend heranwächst, und er durchforstet spätestens alle zehn Jahre die Bestände und lichtet sie aus. Er unterscheidet den »Schirmschlagbetrieb« mit gleichaltriger Naturverjüngung eines Samenjahres und den »Femelschlagbetrieb« mit ungleicher Naturverjüngung in einzelnen Horsten (der Name leitet sich vom Hanfanbau her, wo männliche Pflanzen ausgerauft werden und weibliche – »femellae« – zur Samenreife bleiben). Er schätzt den »Plenterwald« (von bland, gemischt) als naturnahen, gemischten Bestand, aus dem einzelne Stämme entnommen werden, um den anderen Platz zum Nachwachsen zu geben, und er weiß, daß der Wald verkommt, wenn man immer nur die besten Stämme herausholt. Er kennt die Schwierigkeiten bei der Ernte in diesem Waldtyp – Einschlag zwischen Jungwuchs und Rücken im dichten Unterholz – und die Schwierigkeiten, die sich aus zu viel Licht ergeben können – mangelnde Astreinheit und Vollholzigkeit, Zurückdrängen der Lichtholzarten unter breitausladenden Großbäumen –, er weiß, daß nicht immer für den Wald gut ist, was für den Menschen gut ist. Und umgekehrt. Innerlich wehrt er sich dagegen, daß die Nutzung von der Technik bestimmt wird, von immer schwereren Maschinen, die nur ausgelastet sind, wenn sie alles ringsum im Kahlschlag niedermachen, die den Boden verdichten und die Bodenflora vernichten, die die Böden mit Öl und Benzin kontaminieren und die Rinde und Wurzeln der stehenbleibenden Stämme verletzen und zerrissene, zersplissene Stahltrossen zurücklassen und leere Fässer und Kanister. Ganz zu schweigen von Lärm, Getöse, Abgasen. Er weiß, daß auch die Entnahme von Holz dem natürlichen Ablauf angepaßt sein sollte und daß es verträglicher ist, die entasteten Stämme mit Pferdegespannen zum Abfuhrweg zu rücken als mit Traktoren oder Bulldozern. Aber es steht nicht immer in seiner Macht, darüber zu befinden; statt der früheren dem Revier zugehörigen Holzfällergruppen übernehmen immer häufiger artfremde Firmen mit billigen Gastarbeitern den Einschlag, ohne Beziehung zum Wald, einzig auf Erwerb und Erlös aus. Und auch die Privatisierung der Wälder bedeutet ja nicht, daß diese nun immer an besonders naturverbundene, auf pfleglichen Umgang bedachte Besitzer geraten; oft interessiert nur ein Aspekt der Nutzung, Holzeinschlag oder Jagd, und das mit möglichst hoher Effizienz. Mein Wald, und nach mir die Sintflut. Das durchdachte, ein ökologisches Gefüge festigende Einbringen anderer Baumarten oder -sorten, das verträgliche Düngen und Kalken der Böden und das biologische Bekämpfen der Schädlinge führt nur großflächig zum Erfolg, das wußte schon Georg von Langen, sonst hätte er die Wälder nicht sorgsam katalogisiert. Zapfenpflücken, Sammeln von Saatgut widerstandsfähiger Arten, das Bewahren und Heranziehen autochthoner, also bodenständiger Sorten. Das Ausweisen von Nationalparks und Biosphärenreservaten ist im Grunde das Eingeständnis, nur noch in einigen Inselbereichen verwirklichen zu können, was ökologisch sinnvoll und nützlich ist, und selbst diese Gebiete werden von allen Seiten angefeindet und beschnitten, obwohl sie sanften Tourismus durchaus zulassen. Da will der eine einen Steinbruch aufmachen und der andere eine Abfahrtpiste, der nächste eine Seilbahn oder ein Hotel mit Erlebnisbereich, und zwischen alle schieben sich ächzend und stöhnend die Mountainbiker und suchen immer steilere, wildere, urwüchsigere Strecken für ihre Auf- und Abfahrten. Denn ein leises Wandern mit geschlossenem Mund und offenen Augen, wie es schon Hermann Löns empfohlen hatte, scheint fast gänzlich aus der Mode gekommen; lauscht man den heftigen Gesprächen der Wandergruppe, so dreht sich fast alles um das liebe Geld. Die blauen Lappen. Viele der Wanderer hatten zwar irgendwann während ihrer Entwicklung den heißen Wunsch, Förster zu werden (So wie der von Falkenau!), doch das Leben spielte anders, und die Leute in der grünen Waldkleidung werden zum Teil bestaunt als Fossil einer selbst überlebten Ära, zum Teil beneidet ob ihrer vermeintlichen Privilegien, verbotene Waldgebiete zu betreten.

Mein Vater, der Eisenbahnersohn aus Magdeburg, heiratete in eine Dynastie von Forstmännern hinein; als junger Eleve fand er seine Braut in der Tochter des Lehrprinzen, dessen Brüder, dessen Vater ebenfalls Forstleute waren. Das Bild des Urgroßvaters Rasim war das eines patriarchalischen, leicht gebeugten, aber sonst unverwüstlich frischen Alten mit langem, gezipfelten Rauschebart und Pfeife. Der Großvater Hugo, drahtig und ledern auch er (mit Grübchen im Kinn, in dem regelmäßig nach der Rasur ein paar vergessene Stoppeln stehenblieben), gütig und gerecht, furchtlos gegenüber Wilderern, unbestechlich, unermüdlich. Wenn ich mit ihm gehen konnte, durfte ich den Numerierhammer tragen, auf dem jedesmal eine andere Zahl eingestellt wurde, ehe man sie mit einer kleinen Bürste und schuhcremeartiger Farbe einschwärzte und gegen die duftende Schnittfläche eingeschlagener Stämme schlug, nachdem mit der Kluppe der Stamm vermessen worden war und der Festmeterbetrag sorgfältig in die Kladde eingetragen wurde. Zu den Leuten, mit denen er zu tun hatte, gehörte neben Haumeister Hahn und seinen Mannen auch die alte Strunskussen, die Vorarbeiterin der Kulturfrauen, mit ihrer unvermeidlichen Kiepe auf dem Rücken. Kamparbeiten, Pflanzensetzen, Jungwuchspflege gehörten zu den schweren Aufgaben der Kulturfrauen, unter deren Händen die Wälder wieder nachwuchsen, die die Männer zuvor kahlgeschlagen hatten.

Noch zu Vaters Zeiten wurde das Saatgut selbst geerntet, in eigenem Pflanzkamp ausgesät, verschult und nach drei Jahren als Schonung auf die Fläche gebracht. Die jungen Pflänzchen mußten freigemäht werden, daß sie nicht erstickten, sie wurden geteert oder umwickelt gegen Wildverbiß, sie wurden eingegattert. Die Holzfäller zogen zu Fuß oder per Fahrrad auf den Schlag, zu ihnen gehörte der unvermeidliche Lederrucksack mit Thermoskanne und Stullenbüchsen, mit Axt und Keilen und zusammengebundener Schrotsäge. In Rotten zu zwei Mann verrichteten sie ihre Arbeit, schlugen den Fallkerb, zogen gleichmäßig und dicht über dem Boden den Fallschnitt, setzten immer mal Keile nach, bis der Stamm sich behutsam neigte und dann im rauschenden Fall krachend zu Boden stürzte. Ich sehe sie alle noch, wie der Krieg sie zusammengetrieben hatte: den gutmütigen Riesen Haumeister Hermann Schökel, den jungen Walter Grawe, den älteren Wilhelm Wenzel, die stets singend von der Arbeit heimkehrten, den unendlich langen Studenten Charles Bleeker-Kohlsaat, den kleinen Schweizer Fritze Muser, den kerzengerade auf dem Rad sitzenden Theophil Gomolla, den aus dem Spreewald stammenden Sorben Richard Riewa und viele andere. Ich habe noch den Ruch des vor sich hin schwelenden harzigen Holzhackerfeuers in der Nase oder den der Borke frischgeschälter Stämme, die man damals als Lohrinde zum Trocknen in langen zeltartigen Reihen aufgestellt hatte. Der klagende Ruf des Schwarzspechtes gehörte ebenso dazu wie das muntere Geschelte Markwart des Hähers oder das Zeckern des Zaunkönigs. Die Gespannführer mit ihren schweren Belgiern, den Rückepferden, die mit Umsicht und Bestimmtheit die nackten Stämme aus dem Bestand an die Abfahrtwege zerrten. Der Einsatz gegen den Borkenkäfer, der allein mit Schäleisen, Schälmolle und Borkenfeuer geschah und erfolgreich war, der unermüdliche Kampf um das Aufforsten der Kahlschläge, die durch Nachkriegsreparationen entstanden waren. Das schweißtreibende Unterwegssein hangauf, hangab in dem steilen Harzrandrevier. Die Stukensprenger, die Telgenputzer, die ihr Astholz in riesigen Bansen stapelten, beim Abfahren mit Fichtenspitzen hinten am Handwagen, die die Fahrt bremsen sollten, die Himbeer- und Blaubeerensammler, die Bucheckernschläger, die Ziegenhirten. Was mußte alles passieren, bis mein Vater die bitteren Worte fand: *Die Forstwirtschaft ist Waldschädling Nummer Eins*, und: *Der Wald ist nicht totzukriegen, trotz der Forstwirtschaft* – was mittlerweile so auch schon nicht mehr stimmt. Was mußte passiert sein? Wie konnte sich der Mensch innerhalb einer Generation so dem Wald entfremden?

FREMDSEIN

WANN begann die Entfremdung? Es ist ein Märchen, daß unsere Vorfahren naturverbunden waren. Sie hielten, wenn es ihnen paßte, den Biber für einen Fisch und Fischfresser zugleich, sie glaubten, daß Schafe wie Maikäfer auf Bäumen wüchsen, sie setzten Prämien aus, *um diese schädlichen Raub-Thier zu vertilgen und gäntzlich auszurotten… Fuchs, Otter, Marder oder Illing (Iltis), Wiesel, Ganse-Ahr (Gänsegeier), Schufut (Uhu), Habicht oder Hoveyen (Milane, Weihen), Eulen oder Raben, Sperber, Krähen…* (Verordnung Friedrichs I. von Preußen) *Weil die Biber durch das Unterminiren den Elbteichen grossen Schaden zufügen, so ist bereits unterm 16. Decembr. 1729 verordnet, daß solche in dem Hertzogthum Magdeburg geschossen, und den Forst-Bedienten, damit sie sich destomehr Mühe solcherhalb geben mögen, vor jedes Stück ein Thlr. Schieß- oder Fang-Geld aus den Forst-Gefällen bezahlet und in Ausgabe gebracht, die Bälge aber an Uns immediate und die Geilen zur Berlinischen Schloß-Apothecke eingesandt werden sollen, bey welcher Verordnung Wir es auch bewenden lassen* (ebenda). Sie nagelten Greifvögel und Eulen an die Hoftore, sie fingen Eisvögel in Schlageisen und schossen Graureiher vom Horst weg.

Das Dilemma bei der Forstwirtschaft war seit je, daß sie von Anfang an einseitig auf die Produktion von Holz ausgerichtet war und die ökologischen Gefüge und Vernetzungen zu wenig beachtete, zwar befaßte man sich mit Standorterkundungen, aber bestenfalls von der mineralogischen Zusammensetzung, keineswegs als Lebensraum von Milliarden Mikroorganismen und Kleinlebewesen. Das jagdbare Reh im Dickicht war allemal wichtiger als die Asseln, Springschwänze, Hundertfüßer und Nematoden in der Handvoll Walderde. Und so kam es zum Einsatz von Düngemitteln, Pflanzengiften und Insektenvertilgungsmitteln, die schwere und schwerste Schäden verursacht haben, um – kurzfristig – zu helfen. Als schlüge man mit einem Hammer nach der Fliege auf der Fensterscheibe. Die besten Forstleute haben es seit je gewußt.

»Rotten und Reuten«. »Roods« – die Wurzeln. »Rod« auf russisch, »Priroda« die Natur, »Rodina« die Heimat. Wo die Wurzel gerodet wurde, schimmerte das Erdreich rot. Unsere Sprachwurzeln geben uns Auskunft über tiefere Zusammenhänge, als wir sie heute wahrhaben und erkennen wollen. »Mull«, »Mulm« die weiche Erde, der Erdwurf war »Muoltwert«, verballhornisiert zum Maulwurf. Verrottender, rot und zu Erde werdender Abfall war »Müll«, etwas ganz Natürliches. Es gibt im Deutschen kein Wort für nichtwandelbare, nichtverrottende Reste, und selbst Asche sind die Brennrückstände des Eschenholzes, die wieder zu neuem Wachstum führen. Was aber nun in unserer Zeit mit den gigantischen Halden unverwertbaren, unvertilgbaren, unverrottbaren Zeugs, die uns zuschütten, auf denen in ärmsten Ländern Menschen, von den Reichen zu menschlichem Müll Degradierte, vegetieren, sich von Abfällen und Ratten nähren und an Pest, Cholera, Typhus erkranken? Schuld ist das, »wat schullt«, was werden soll – können wir uns damit zufriedengeben? Und wie eng ist die Verwandschaft zum »Schelten«, das von »stoßen« kommt, von »Schalten und walten«? »Walten« bedeutet so viel wie Herrschen, ist nunmehr die Zeit gekommen, wo »Gewalt« herrscht statt »Wald«?

Wald und Tier. Tier des Jahres 1994 war das Rotwild, das stolzeste Wild der deutschen Wälder (das, auf das wir am ehesten stolz sind). Gleichermaßen viel zu hoch im Wildbesatz und vom Aussterben bedroht. Forstschädling vor allem in den Nadelwaldrevieren, wo es durch Schälschäden, Tritt- und Schlagschäden seinen eigenen engen Lebensraum vernichtet, und eingeengt vom Menschen in immer kleinere, immer isoliertere Räume. Was bleibt dem großen Widerkäuer denn noch außer Fichtennadeln und -rinde, wenn alle seine Äsungsflächen verschwinden, wenn Tourismus und Verkehr ihn immer tiefer in die Bestände drücken, wenn die Verbindung zu anderen Rudeln unmöglich gemacht wird durch die Bauten der Menschen? So wie man in hochfeudalen Zeiten das Wild immer stärker einkesselte durch Lappen und Zeugzäune, so wird es nunmehr zusammengedrängt durch das Netz der Tag und Nacht befahrenen Straßen und Autobahnen, durch Tiefflüge und Drachenflieger, durch Rad- und Wanderwege, zum Teil asphaltiert. Wo soll es bleiben? Zeitungen berichten über Zusammenstöße mit Rotwild, breiten sich genüßlich aus über Schäden an Fahrzeugen und Insassen, sagen nichts über gestörte Wildwechsel und uralte Zugwege. Man zerbricht sich den Kopf, wie man der steigenden Wilddichte Herr werden könnte, dabei ist auch das nur Scheinblüte und Rechtfertigung für Jäger, die sich den Abschuß etwas kosten lassen können. Man läßt in den jungen Beständen kreuz und quer das Bruchholz liegen und wundert sich, wenn Schädlinge heranwachsen. Man forstet wider besseres Wissen immer wieder Nadelholzmonokulturen auf. Man entwässert und begradigt, versteint, betoniert, asphaltiert sogar Waldwege. Alle, aber auch alle Probleme des Waldes sind vom Menschen hausgemacht, er stochert mit einem Stock im Ameisenhaufen – so es ihn noch gibt – und wundert sich, daß die Insekten auf ihn zukommen. Er schimpft über zu hohe Wilddichte und drängt das Wild in immer kleineren Biotopen mit immer ungünstigeren Nahrungsbedingungen zusammen.

Aber der Mensch ist keine homogene Masse wie der Heerwurm der Heerestrauermücke aus Tausenden gleicher Larven. In dem Maße, wie sich viele entfremden, wenden sich auch viele wieder der Natur zu, suchen ein Teil von sich selbst zwischen den Wurzeln und Schäften der Bäume. Ehe Naturräume unwiederbringlich zerstört wurden, gelang es, sie unter Schutz zu stellen, indem man ihnen Ohrmarken eindrückte: Nationalpark oder Biosphärenreservat. Letzte Inseln in einer ausschließlich auf Nutzung orientierten Welt. Aber bringen denn diese Räume nicht vielfachen Nutzen? Als Rückzugsgebiete bedrohter Arten, als Erholungsräume, als Schutzzonen des kostbaren Trinkwassers, als Ruhezonen, als Luftverbesserer, als Genpotentiale. Aber schwer ist es, gegen die Meinung anzugehen, was allen gehöre, gehöre niemandem, und so dürfe man zulangen, so lange der Vorrat reicht. Nein, der Vorrat ist nur noch ein kleiner bescheidener Haufen in der Ecke: *Saatfrüchte dürfen nicht vermahlen werden!*

Fremdsein

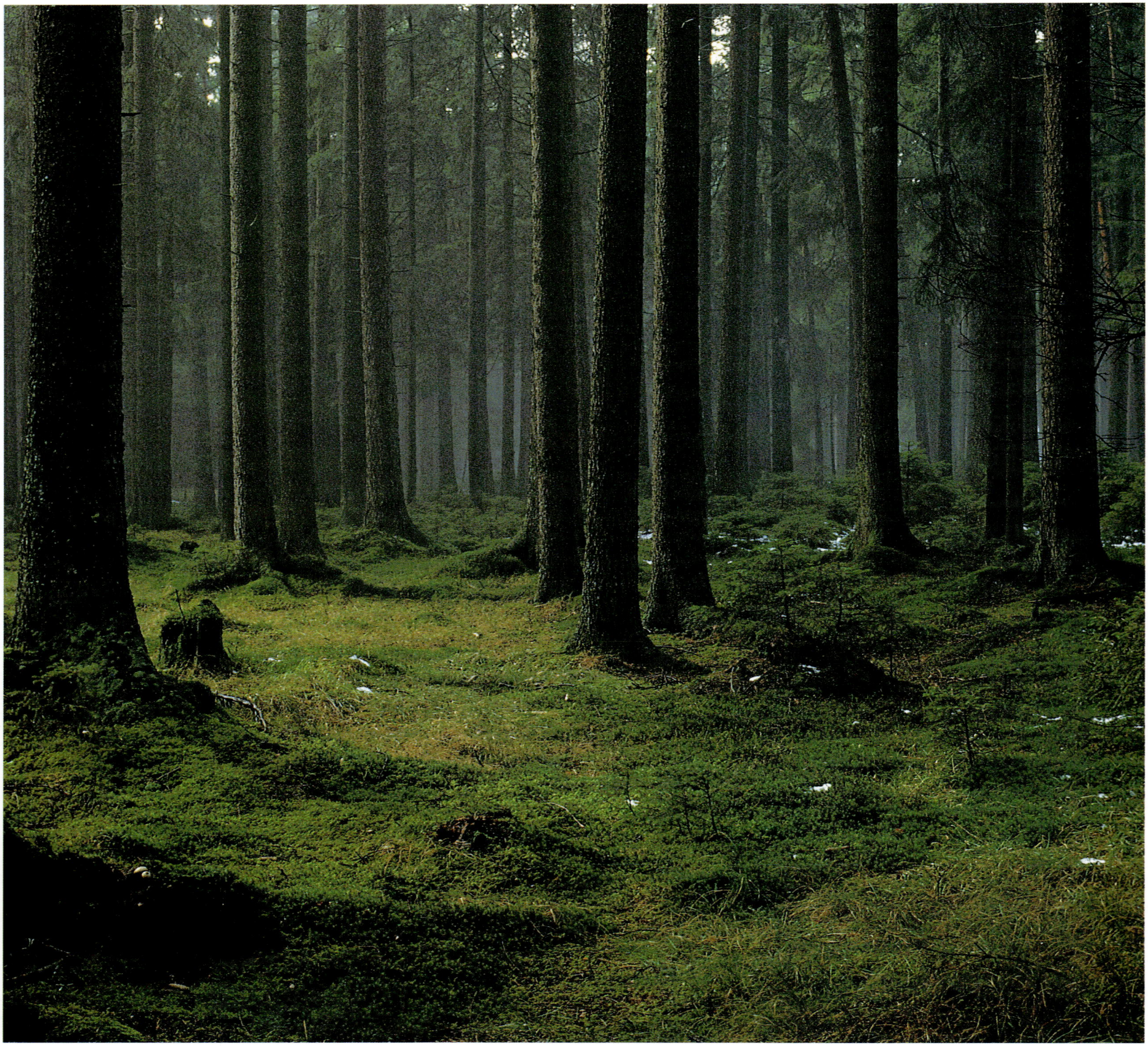

EPILOG

NOCH ist das Grün im Sommer tiefdunkel und üppig. Noch wächst es allerorten. Da nickt der Fingerhut mit leuchtenden, fein behaarten Blütentüten, da strotzt die Tollkirsche mit wundervollen schwarzglänzenden Früchten, die aussehen wie die mit Belladonna geöffneten Augen der Hofdamen. Da wuchern Waldreben, Zaunrübe, Wildhopfen und Geißblatt um die Wette, da duftet und riecht und stinkt es, da brummt und summt es, da wabert die Hitze über rosenroten Flächen und kühlt erfrischend der Schatten. Da stehen Libellen flirrend überm Weiher, da tauchen Molch und Erdkröte in den Ufermulm, da plumpst dick wie eine Kastanie mit goldnem Saum der Gelbrandkäfer nach Kaulquappen. Da flaggt weiß das Wollgras auf den kleinen Mooren. Da treiben noch in jedem Frühjahr Millionen von Samenkörnern aus in der Hoffnung, zur reifen samentragenden Pflanze heranzuwachsen. Da werden Tausende von Jungtieren gesetzt und erbrütet, damit wenigstens einige von ihnen bleiben und sich vermehren.

Die Menschen wandern und joggen, suchen Pilze und erleben Natur. Wohl dem, der im Schauen und Genießen wenigstens für Augenblicke die Hast der Zeit vergißt, der empfinden kann, der friert und schwitzt und glücklich ist. Wenn wir das preisgeben, sind wir verloren. Wenn wir den Wald aufgeben, rettet uns keine Gewalt. Der Mensch ist devastiert vor allem in seiner Seele, doch die Heilkräfte der Natur könnten ihn behutsam gesunden lassen, wenn er sie läßt. Das Beispiel Baum mit seinen kräftigen Muskeln, seiner gesunden Lunge, seinem fröhlichen Leben zwischen Gipfel und Wurzel, seiner geschmeidigen Bewegung. Seinen Nestern und Horsten.

Hoch im Zenit balzen die Bussarde in wunderbaren, vollendeten Kreisen. Ihre Schreie sind wie Freudenrufe, als priesen sie beglückt die schöne Welt. Unter ihnen Wipfel an Wipfel in üppigen Schwüngen, Matten eingesprengt, plötzlich sich dehnende und in ihrer Kraft räkelnde Felderbreiten, die roten Dächer der Menschenhäuser, die glitzernden Adern der Flüsse. Von unten erscheinen die Greife wie Gestalt gewordene Gedanken im schwerelosem Spiel, verharrend, losschießend, scheinbar an ihren Ausgangspunkt zurückkehrend, alles erreichend, was man will.

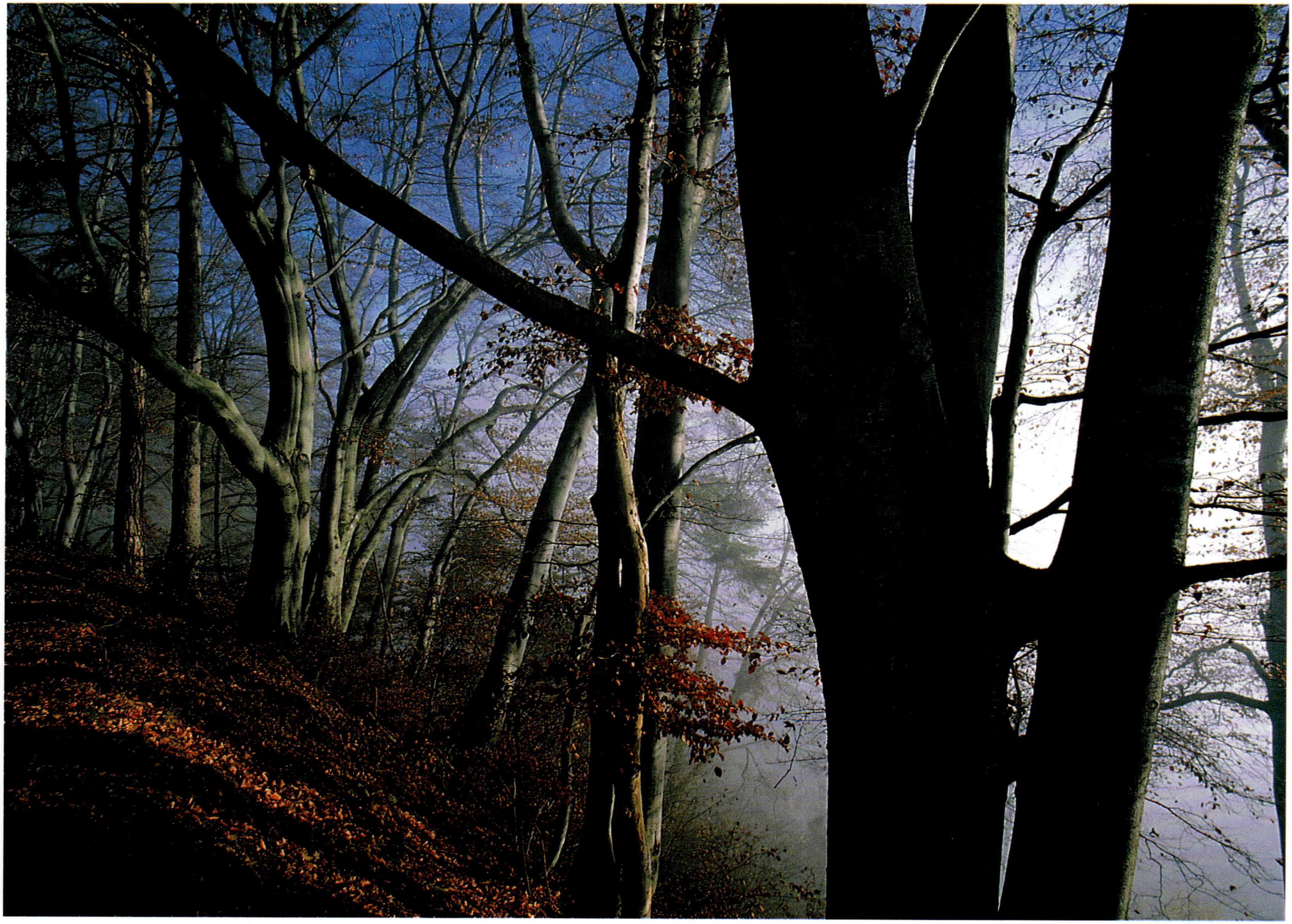

KLEINES LEXIKON DES WALDES

Alttiere – weibliches Rotwild, das bereits Kälber gesetzt hatte; Rottiere

angehendes Schwein – vierjähriges männliches Wildschwein

Äsungsflächen – Waldblößen, auf denen das Wild die Nahrung aufnimmt

Aufbruch – Innereien des Wildkörpers: Herz, Lunge, Leber, Nieren und Gedärme

ausländische Holzarten – Lärche, Omorica (europ.), Robinie, Roteiche, Weymouthskiefer, Douglasie, Küstentanne, Sitkafichte (nordamerikanisch), Lebensbaum (Thuja orientalis, Thuja occidentalis)

autochthon – bodenständig

Auwälder – artenreiche Laubmischwälder im Überflutungsbereich von Flüssen; Weichholzaue mit Weiden, Pappeln, Espen in tiefergelegenen Teilen – Hartholzaue mit Feldulmen, Stieleichen, Eschen, Ahornen, Wildobst, Traubenkirsche in höheren Lagen, auch Winterlinde, Hainbuche

Bachtälchenwälder – bachbegleitende Erlen- und Eschenpartien mit Ahornarten und Weiden

Biosphärenreservat – UNESCO-Schutzgebiete mit Nationalparkcharakter

Büchsenspanner – in der feudalen Jagd Begleiter hoher Jagdherren, der die Waffen zu laden hat

devastieren – zerstören

eingestellte Jagden – repräsentative Jagdspektakel, bei denen das Wild Tage zuvor weiträumig gesammelt und in abgesperrten »Kammern« gehalten wurde; durch den »Lauf« (eine Gasse) getrieben, schoß es der Jagdherr vom »Schirm« (dem verblendeten Jagdstand) aus ab.

Einschlag – Waldteil, in dem Holz gefällt wird

Elentier – weibliches Elchwild

Fährte – Fußabdrücke vom Schalenwild (Paarhufer)

Falkner – Jäger, der Beizvögel (Falken, Adler, Habicht) zur Flugjagd abträgt

Fallkerb – Kerbschnitt in dem zu fällenden Baum, mit dem die Fallrichtung bestimmt wird

Fauna – Gesamtheit der Tierwelt eines Gebietes

Femelschlag – langfristige ungleichaltrige Bestandsverjüngung, die von einzelnen Horsten, Gruppen, Inseln ausgeht, während der Altbestand zunächst schirmartig durchlichtet, dann vollständig beräumt wird; Neuanpflanzung

Festmeter – in Kubikmetern angegebene Holzmasse, Stamminhalt im Gegensatz zum Raummeter – Masse des Stapelholzes mit Hohl- und Zwischenräumen; Umrechnung mittels Kubiktabelle

Flora – Gesamtheit der Pflanzenarten eines Gebietes

Forst – einst das Gebiet »außerhalb«, dann dem Kaiser vorbehaltener, heute wirtschaftlich genutzter Hochwald

Fuchsprellen – feudales Jagdvergnügen zum Töten von Füchsen und anderem Kleinwild mittels plötzlich straffgezogener Tücher

Fungizide – chemische Mittel gegen Pilze

Geilen – Bibergeil – Castordrüse des Bibers zum Einfetten und Reviermarkieren, wurde früher wegen vermeindlicher Wunderwirkung mit Gold aufgewogen

Genpotential – Artenreserve durch ausreichendes Erbgut

Gewölle – von Greifvögeln und Eulen ausgewürgte Nahrungsreste

Heerwurm – zu einem Zug vereinigte Larven der Heerestrauermücke

Hegemeister – Förster, altertümlicher Titel aus der Zeit der Einrichtung von Gehegen, besonders mit der Wildpflege befaßt

Heidereuter – bestelltes Amt zum Schutze königlicher Reviere vor Holz- und Wilddieben

Herbizide – chemisches Mittel gegen Krautwuchs

Hexenbesen – struppige Astmißbildung, vorzugsweise in Kiefernkronen

Hohe Jagd – Jagdprivileg des Landesherren auf Bären, Hirsche, Damwild, Luchse, Schwäne, Trappen, Kraniche, Auerhühner, Fasanen, Rohrdommeln, Nachtreiher (Jagdmandat von 1717 in Kursachsen). Daneben gehören zur Mitteljagd Rehe, Schwarzwild, Wölfe, Birkwild, Haselwild, Brachvögel. Anderswo sind Wölfe frei; Rehe zählen zur Niederjagd.

Hutewälder – Weiträumige Eichenwälder mit einzelnen Mastbäumen (Hute-Eichen), ohne Jungwuchs – zur Viehweide und Schweinemast

Indikatoren – Flechten und Moose als Anzeiger der Luftqualität

Insektizide – chemische Insektenbekämpfungsmittel

Jagd – seit karolingischer Zeit gesetzlich geregelte Form der Erbeutung jagdbarer Wildtiere durch dazu befugte Personen

Jagdpage – adliger Jagd- und Forstlehrling an Fürstenhöfen

Jäger – Personen, die berechtigt sind, die Jagd auszuüben. Früher oftmals im Dienstverhältnis eines Jagdherrn

Kahlschläge – großflächige Waldabholzung

Kahlwild – geweihloses weibliches Rotwild (Schmaltiere, Alttiere) und Kälber

Kalb – einsömmriges Jungtier bei Rotwild (Hirschkalb, Tierkalb), Damwild und Elch

kalfatern – Verdichten von Fugen im Bootskörper mittels Harz und Pech

Kamp – Saat- und Pflanzgarten für Waldbäume, zeitweilig (Wanderkamp) oder als Ständige Kämpe

Kandelaberfichte – häufig wipfelbrüchige Fichte, bei der Seitenäste neue Wipfel bilden

Keiler – ausgewachsenes männliches Wildschwein, auch Eber, Basse, Hauptschwein

Kladde – Notizbuch (des Försters)

Kluppe – früher Meßlehre für den Stammumfang, Gabelmaß

Kuder – männliche Wildkatze

Kulturfrauen – (früher) Waldarbeiterinnen zum Baumsetzen und für die Jungwuchspflege

Lappen – Jagdzeug zum Einhegen eines Jagdgebietes – Leine mit flatternden Stoffetzen, vor denen das Wild zurückscheute

Laubmischwälder – artenreiche Waldbestände, häufig mit einer der Bodenbeschaffenheit dominierenden Holzart: Eichen-Hainbuchen-Wälder, Rotbuchenmischwald, montane Bergahorn-Rotbuchen-Wälder und andere

Lohrinde – zum Gerben geschälte Fichten- und Eichenrinde

Mikroflora – Gesamtheit der Bodenorganismen, Einzeller, Algen

Mink – aus Nordamerika eingeführter Sumpfnerz

Monokulturen – häufig gleichaltrige Forsten mit nur einer Holzart

Nadelwälder – natürliche, altersgegliederte Fichten-, Tannen- oder Kiefernwälder

Nationalpark – staatlich eingerichtete Schutzgebiete, Artenrefugien mit besonderen Besucherordnungen, (außer in den Kernzonen) auch zu Erholungszwecken genutzt

Naturwald – ökologisch stabiler, artenreicher und altersmäßig gestaffelter, weitgehend sich selbst überlassener Wald

Nekrosen – Schädigungen der Blattränder durch Umwelteinflüsse

Niedere Jagd – Jagd auf Hasen, Raubwild, Hühner (außer oben genannten), Enten, Gänse, Reiher, alle Vogelarten (auch Singvögel), in einigen Gebieten auch Rehe – heute eingeschränkt

Parforcejagd – Hetzjagd mit Hunden und Wechselpferden auf Rothirschen in eigens dafür sternförmig aufgelichtetem Gelände, frz: »durch Gewalt«

pirschen – von mittelalterlich »birsen«, Jagd mit Feuerwaffen – Anschleichen des Wildes unter Ausnutzung von Deckung und Windrichtung

Plenterwald – altersmäßig gestaffelter, sich selbst verjüngender Wald, aus dem einzelne Stämme oder kleine Gruppen geschlagen werden, wenig wirtschaftlich, nur für Schattenholzarten, etwa Weißtanne

postglazial – nacheiszeitlich

Protze – bis zum Wurzelansatz beasteter, wirtschaftlich kaum nutzbarer Nadelbaum, meist Kiefer

Reichsbannforst – im Mittelalter alleiniges Jagdgebiet des Kaisers

Riß – vom Raubwild getötetes (gerissenes) Wild

Rottiere – weibliches Rotwild

Rotwild – Rot- oder Edelhirsch, größte einheimische Schalenwildart

Rückepferde – Kaltblutpferde zum Herausziehen (Rücken) geschlagener Baumstämme aus unwegsamem Gelände, ökologisch schonende Nutzung

Rüdemeister – Führer der Hundemeute bei der Hetzjagd

Rupfung – Überreste eines vom Greifvogel geschlagenen Vogels

Schalenwild – Paarhufer-Wildarten; Schalen sind die Klauen des Wildes

Schälschäden – Rinden- und Wurzelverbiß an Fichten durch Rot- und Muffelwild; durch die Verletzung kann Rotfäule eintreten

Schirmschlagbetrieb – gleichaltrige Naturverjüngung mit gleichmäßiger Bestandsauflichtung

Schlagschäden – Wildschäden, hervorgerufen durch das Schlagen des Bastgeweihs

Schluchtwälder – artenreiche, natürliche Wälder in feuchten Bergschluchten

sich spüren – das Entdecken der Spur eines Haarwildes

Stockflinte – Wildererwaffe, als Spazierstock getarnt

Strecke – in Reihe ausgerichtete Beute einer Gesellschaftsjagd

Tatzelwurm – Fabelwesen bayrischer Wälder

Telgenputzer – Selbstwerber, die Fichtenäste (Telgen) als Feuerholz sammelten

Treiber – Jagdhelfer, die ein von Schützen umstelltes Gebiet (Treiben) durchdrücken

Trittschäden – Verletzungen der Boden- und Krautschicht durch Schalenwild

Verbißschäden – Schäden, die durch Abbeißen junger Triebe an Bäumen entstehen

verschulen – Selektion von Jungpflanzen

Vorderlader – mittels Ladestock von vorn zu ladende Flinte

Wald – Gesamtheit des durch hohe Bäume bestimmten natürlichen oder bewirtschafteten Ökosystems

Waldsterben – Prozeß des Zusammenbrechens des Ökosystems Wald durch Absterben der Waldbäume infolge komplexer Umweltschädigungen

Waldtypen – durch Standorte und Bestandsbegründungen bestimmte Holzartenzusammensetzungen

Wapiti – nordamerikanische Hirschart

Wildbesatz – Wilddichte und -zusammensetzung eines bestimmten Gebietes

Wirtschaftswald – zum Holzeinschlag genutzter und dementsprechend angebauter Wald

Zeidler – im Mittelalter Imker, die Wildhonig und Wachs sammelten

Zeugmeister – Verwalter des Jagdzeuges, der Netze, Lappen und Fallen

Zeugzäune – Jagdnetze oder Lappleinen zum Einfassen eines Treibens

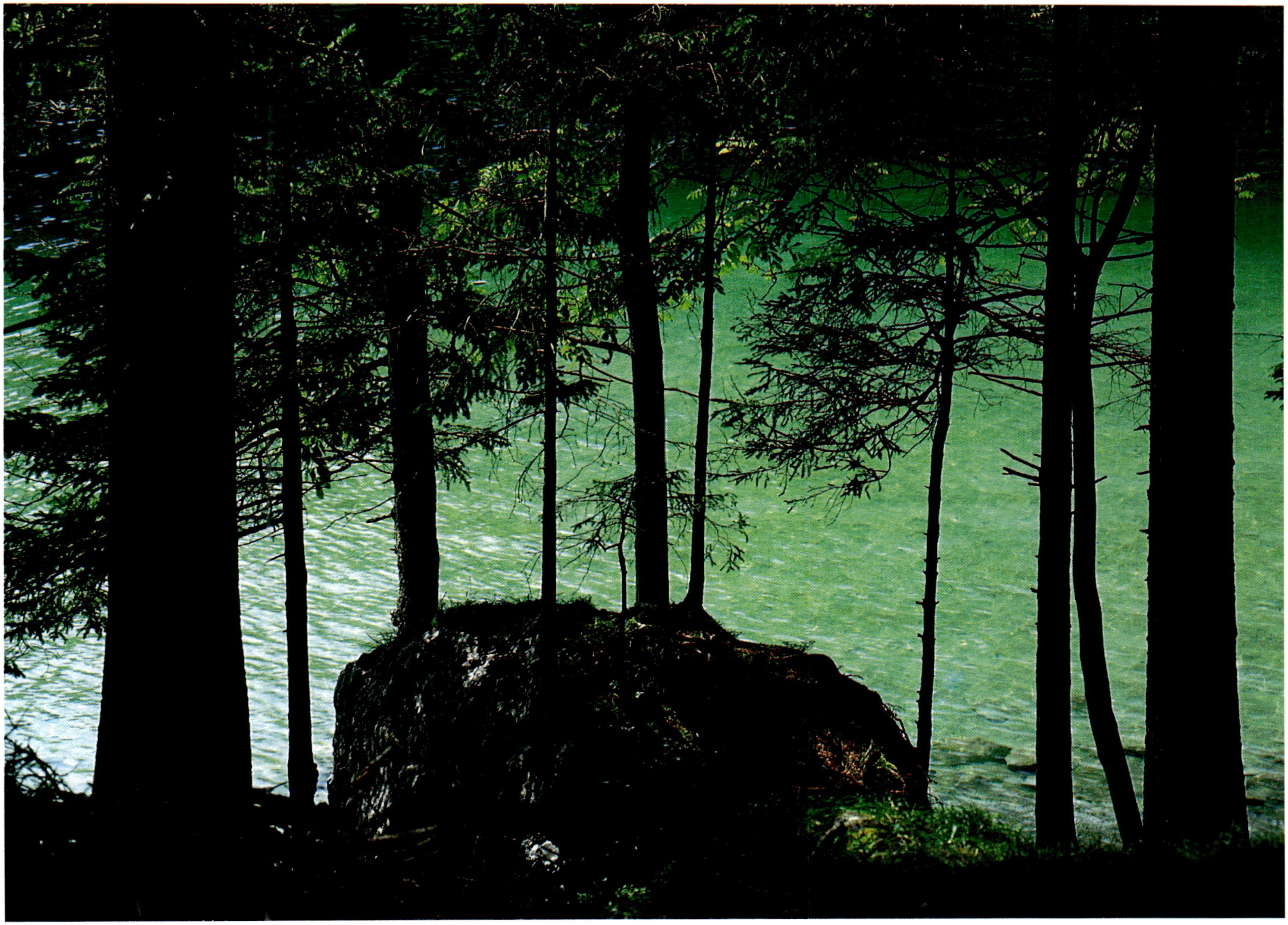

Die Photographien in diesem Band stammen von
Martin Siepmann: Titel, S. 2, 4, 6, 9, 10, 12, 15, 16, 19, 20, 26,
28, 30, 32, 35, 36, 41, 42, 44, 48, 50, 56, 63, 64, 66
Walter und Stephan Thierfelder: S. 1, 23, 24, 38, 52, 55, 71,
Schutzumschlag hinten.

Die Deutsche Bibliothek – CIP Einheitsaufnahme
Das Buch vom Wald
Bernd Wolff/Martin Siepmann/Walter Thierfelder. –
Würzburg: Stürtz, 1996
(Stürtz-Bibliothek; 14)
ISBN 3-8003-0715-4
NE: Wolff, Bernd; Siepmann, Martin; Thierfelder, Walter; GT

Alle Rechte vorbehalten
© 1996 Stürtz Verlag GmbH, Würzburg
© Fotos: M. Siepmann, St. u. W. Thierfelder
Reihenentwurf: Th. u. H. Selle
Printed in Germany
ISBN 3-8003-0715-4

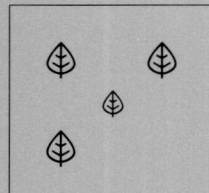

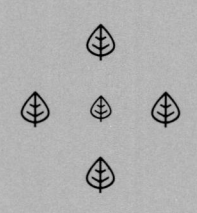